JN065439

6500家族以上の
改善指導実績

子どものことばが遅い 出ない 消えた「なんで?」

家庭教育の専門家と
世界的な脳神経外科医
の証言!
「ことばの発達障害は
家庭で改善できる」

医学博士・脳神経外科医
篠浦伸禎［監修］

エジソン・アインシュタインスクール協会代表
子どもの未来支援機構理事長
鈴木昭平［著］

コスモ21

カバーデザイン◆中村　聡
本文イラスト◆宮下やすこ

子どものことばが遅い　出ない　消えた「なんで?」……もくじ

プロローグ　言葉が遅くて心配だったわが子から次々と言葉が！　11

1章 言葉がうまく出てこない。こんなときどうすればいいか?

1 "そのうち"と思いつつも言葉がまったく出てこない

2 ほかの子と比べて言葉が出てくるのが遅い

3 短い言葉は出ているが、会話ができない

4章　どんな子も言葉の力が伸びる発語・発音プログラム

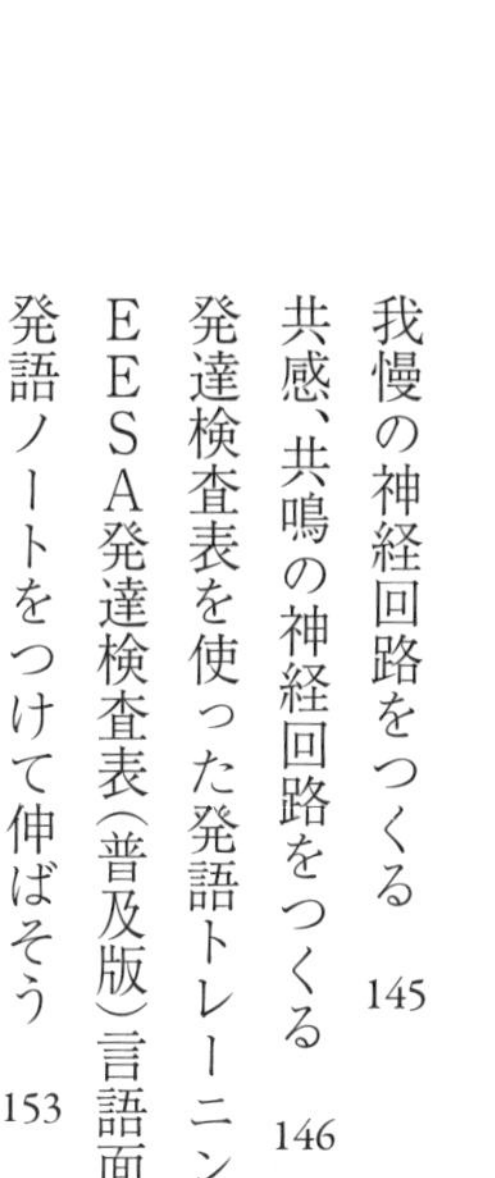

5章　親の脳タイプがわかると子どもの成長が変わる

6章 子どもを伸ばす親の心得

子どもの言葉に関する相談が次々と

私たち、エジソン・アインシュタインスクール協会（ＥＥＳＡ）には、日本全国のお母さんやお父さんから、発達障害だけでなく、子育てに関するご相談の電話が連日寄せられます。そのなかで、いちばん多いのは「子どもの言葉が出てこない、遅れている」という〝子どもの言葉〟に関するものです。

お子さんが1歳前後になったころの親御さんからは、

「『あー』とか『うー』といった声だけで、いつまでも言葉にならない」

「喃語しか出てこない」

「一音の言葉は言えるのに、二音の言葉が言えるようにならない」

といった、発語に関するお悩みの相談が多くあります。

幼稚園入園や就学時健診を控える親御さんからは、

「単語は話せるのに、二語以上あるいは三語以上をつないだ意味のある文は話せない」

「一人称と、二人称や三人称の区別ができない」

といったご相談がグンと増えます。

そのほかに、

「言葉のやりとりができないので、子どもの気持ちがわからない」

「子どもが何を考えているのかわからないのが辛い」

というご相談もたくさんあります。


人間は、言葉によるコミュニケーションによって社会を成立させている生き物です。それが故に、親御さんたちは子どもの言葉の発達に関心が高く、しっかり言葉を話せるようになって、無事に社会生活を送れるようと願います。

子どもがいろんな言葉を覚えておしゃべりするようになると、子どもの成長を感じて嬉しくなるのは、どの親御さんも同じでしょう。できるだけ早く、いろんな言葉を覚えてほしいと願って語りかけます。

ところがあるとき、子どもから言葉が出てくるのが遅いとか、いつまでも出て来ないとか、出ていたのに出なくなったということに気づくと、急に不安になります。「ほかの子どもに比べて、うちの子は言葉が遅いみたいで、とても心配なんです」という電話の向こうの親御さんの声は不安でいっぱいです。

親だから子どものことは誰よりもわかっているはずなのに、どうしてわが子の言葉はうまく発達しないのか。

話しはじめるのは1歳前後、複雑なやりとりができるのは3歳ごろと思っていたのに、うちの子の言葉がうまく出て来ないのはどうしてなのだろうか。

このまま言葉の能力が伸びなかったら、将来どうなるのだろうか。

親として心配が膨らむのは当然ですが、そもそも子どもの言葉の発達はどのように進むのか、そこから理解しておくことが必要なのです。

言葉の早い、遅いは脳の発達特性によって異なる

子どもの言葉が出てこない、いちばんシンプルな理由は、言葉の情報が子どもの脳にインプットされていないか、インプットはされているけれど脳内での処理がうまく

いかずアウトプットできない状態になっているか、のいずれかです。

ちょっと考えてみると当たり前のことで、脳に入っていない言葉は出てこないでしょうし、入っていても出すための脳内処理がうまくいかなければ、子どもに自分の感情を表現したいという意欲があっても、言葉はうまく出てきません。

しかも、子どもによって脳の発達特性は異なるため、言葉のインプットとアウトプットの仕方も違ってきます。

当たり前のことを言っているように思われるかもしれませんが、教育の専門家ほどこのことを理解していないために、言葉が出てこない子どもに対して、ただ言語能力に障害があると判断してしまいやすいのです。

残念ながら親御さんもそう思い込んでいることが多く、わが子にはたくさん言葉をかけているのに期待どおり言葉が出てこないのは、言葉の障害があるからかもしれないと心配します。

言葉というのは、どんどん子どもの脳にインプットすれば、自動的にアウトプットされてくるわけではありません。子どもが100人いれば100通りの脳の発達特性があり、当然、言葉のインプットやアウトプットの仕方、言葉が出てくるタイミングも子どもによって異なってくるのです。

話しはじめるのは1歳前後、複雑なやりとりができるのは3歳ごろと思っていたのに、うちの子は言葉がうまく出て来ないのはどうして？　と悩むお気持ちはよくわかります。この本では、そのようなお悩みに対して、わが子の脳の発達特性に合った働きかけ方を見つけることをおすすめしています。

たとえば乳幼児期には、「バーブー」や「あむあむ」「まんま」など喃語を発します。これらに意味はありませんが、この段階を経ることで、脳には少しずつ意味のある言葉を発するための回路が出来ていきます。

うちの子はもう1歳になるのに、まだ喃語のまま。周りの子どもは「マンマ」「ワンワン」「ブーブー」といった意味のある言葉を話すのに……。たしかに心配だと思いますが、私が６５００家族以上の指導相談を行なうなかでお子さんを見てきた経験から言えば、その子にはまだ喃語の段階が必要なのでそうしているだけということが多いのです。

親御さん自身が、幼児が喃語を発するのは脳の発達を促すとともに、音を出すことで口や声帯の機能を発達させ、言葉を発するための身体機能を整えるためにも必要であると理解するするだけで、お子さんへの対応は大きく違ってきます。

ですから、わが子の言葉が早い遅いと一喜一憂するより、その子の脳の発達特性に合わせて言葉が出てくるようなアプローチをすることが大切なのです。

親が先回りして応じると言葉が出にくくなる

子どもは言葉で感情を表わすための回路が未発達なため、そのストレスを発散するためにぐずったり、乱暴したりすることがよくあります。親御さんは、それを避けるために、先に子どもの要望を察して応じてしまいがちです。

言葉が出ない子どもが、たとえばバナナが欲しいとき、お母さんの手をつかんでバナナの前へ持って行こうとすることがあります。これを「クレーン現象」と言いますが、こうしたとき、お母さんが先に察して「これが欲しいのね、はいどうぞ」と対応してしまうと、子どもは言葉で伝えようとチャレンジする意欲を失ってしまいます。

このようなとき、バナナを見せて「これは何かな？」と話しかけると、子どもの脳はバナナという言葉を発しようとします。たとえ「バナナ」と言えなくても、「これはバナナね」「バナナがほしいのね」と話しかければ、バナナという言葉をインプットできます。

「バナナ」の3つの音を全部言えず、「バ…」や「…ナ…」などと一音でも出てきたら、「そう！　バナナ！　よく言えたね！」とほめてあげると、子どもは、欲しいものがあるときはその言葉を発すればいいんだとわかります。

なかには、こうした小さなステップを重ねていかなくても、どんどん言葉を覚えて発する子どももいますが、いくつかのステップを重ねることで言葉を身につけていく子どももたくさんいます。

大切なことは、親御さんが、言葉の発達の仕方が子どもによって違うのは当然だと思えることです。そのことがわかっていれば、子どもの小さな変化に気づき、その子の言葉の発達に合わせた働きかけもできるようになると思います。

いくら検査を受けても原因がわからない理由

言葉がなかなか出てこないことを心配して医療機関を受診する親御さんもいますが、

残念ながら原因がわからないことがほとんどです。なかには舌下やのどなど口腔内のトラブルが原因になっていることもありますが、大抵は身体的な病気が原因ではないからです。

すでにお話ししたように、言葉が出てこないのは、子どもによって脳の発達特性が異なっているだけということのほうがはるかに多いのです。しかし、現在の医療機関にはこうした認識がないので、いくら検査を受けても、言葉が出てこない本当の原因はわかりません。「発達障害」と診断して終わりということにもなってしまいやすいのです。

しかも、現在の日本の医療や教育の現場では「発達障害は改善しない」と考えられているので、改善に向けた教育ではなく、あくまで現状に対処することしか行なわないことが多いのです。場合によっては薬を処方されることもありますが、これは脳の機能を正常化しようというアプローチではありません。

ＥＥＳＡには、発達障害と診断された子どもたちを含めた６５００家族以上の子育て支援の事例があります。言葉がなかなか出てこなかった子どもたちの改善事例も豊富です。それらにより明らかになったのは、たとえ言葉が遅かったり、出ていなかったりしても、その状態は、その子にとってのある発達段階にすぎず、最終的な状態ではないということです。

目の前のわが子からまだ言葉が出ていなかったとしても、ほかの子と比べて「この子は言葉が話せない子なんだ」と諦めてしまわないでください。

子どもの発語のしくみを知る

成長に伴って子どもから言葉が出てくるまでには、いくつかの段階があり、一つのステップをクリアすることで、次のステップに進むことができます。ですから、月齢や年齢がいくら進んでいても、言葉の発達段階がどこかのステップで留まっていたら、それをクリアしないと、次の段階には進めません。

多くの親御さんは、「同じ月齢の子はもう話しているのに、うちの子は話せない」と、言葉が遅いことを心配されますが、子どもの発語がどのステップで留まっているのかを知ることで、目の前のわが子にどう働きかければ言葉の発達を促せるのかが見えてきます。

本書の4章には、EESA独自の言語面の発達検査表が掲載されています(150〜152頁)。親御さんが子どもの日常を観察しながら、わが子の言葉がどの段階まで発達しているのか、次の段階に進むにはどんな働きかけが有効なのかがわかるようになっています。ぜひ、参考にしてみてください。

「言葉が遅い」と不安がる親のストレスが発達を遅らせる

お子さんの言葉が遅いと、親御さんは心配になり、ストレスになってしまいます。そして、その親御さんのストレスが子どものストレスにもなります。とくに6歳までの子どもの脳は、恐るべきスピードで成長をしているので、大人の脳よりもはるかにストレスの影響を受けやすいのです。

とくに敏感な子どもほど親のストレスの影響を受けやすく、そのことで脳の働きが阻害されると、発語に使えるエネルギーはますます奪われていき、言葉が出にくくなります。そういう悪循環に陥ると、親子の苦しみは増すばかりです。

ところで、脳がいくつもの部位に分かれていることはご存知だと思いますが、部位によってストレスに対する反応が異なることはご存知でしょうか。大まかに分けますと、脳の海馬を含めた大脳辺縁系や、下垂体などの部位はストレスの刺激で活性化しやすいのですが、大脳新皮質、帯状回、小脳などの部位は反対で、平穏な状態でよく働きます。

しかも、こうした反応は、成長が著しい子どもの脳のほうが顕著です。ストレスの刺激に反応する部位はより敏感に反応して活性化しますし、平穏な状態で働く部位はストレスの悪影響を強く受けやすいのです。その結果、脳全体のバランスが崩れて、脳の発育が妨げられると考えられます。

言葉に関して言えば、言葉が遅い、言葉が出てこない、出ていた言葉が消えるといったことが起こり、言葉の発達障害につながることもあり得ます。

子どもの言葉に関心を持つのは親御さんであれば自然なことですが、発語のシステムを知らないまま目の前の現象だけを見て不安がり、ストレスを抱えてしまうと、それが子どもの言葉の発達をますます妨げてしまうこともあるということです。

視線を合わせないのは周波数が合っていないから

生まれてから間もない乳幼児は、周囲の人に気を使ったりしませんから、自分の興味があるものしか見ようとしませんし、聞こうともしません。嫌な音が聞こえてくると、顔を背けたり、泣いて抵抗したりします。つまり、乳幼児は思考よりも五感が優位なので、自分と周波数が合うものを優先的に見聞きするのです。

もし、子どもに言葉を教えようと話しかけても、子どもが視線を合わせないようなら、子どもがそのことに興味を持っていなかったり、注意が散漫になったりしている状態だと考えられます。つまり、子どもと周波数が合っていないのです。

話しかける側がきちんと子どもと周波数を合わせると、たとえ同じ内容でも子どもはとたんにしっかり視線を合わせて集中してきます。

私は、お子さんと面談をする際に、超高速で動物や昆虫の絵柄に文字のついたカードをめくりながら、カードに書かれた名前を読み上げます。そのスピードは1分間で100枚ほどです。すると、子どもは次々とめくられるカードに驚くほど集中します。

そして全てを読み上げてから、いくつかのカードを見せて「カブトムシはどれ？」と聞くと、正しいカードを示すのです。まだ指差しができないお子さんでも、正しいカードを示します。

この様子を見て、いちばんビックリされるのは親御さんです。それまでご家庭では、絵本を読み聞かせてもじっとしていられないし、話しかけても視線を合わせようとしなかったわが子が、すごい集中力でカードを見て、私の問いかけに間違うことなく反応しているからです。

ですが、これは子どもたちにとっては当たり前のことなのです。子どもの五感は大人よりもはるかに敏感なので、大人には聞き取れないほどの速さでも言葉をちゃんと聞き分けられますし、高速でめくられるカードの絵柄を見分けることもできます。

ところが、そのことを知らずに大人の感覚でゆっくりカードを見せていると、子どもは周波数が合わないのでカードに集中できず、じっと我慢していることができなくなります。しかも、周りの情報に反応して、子どもの脳は混乱してしまいます。

そのような状態で、いくらカードを見せても期待するような反応は返ってきません。じっと我慢していられず、すぐに暴れることもあります。

これは親御さんが、お子さんに言葉を教えようとするときにも言えることです。たとえば、ものの名前を教えようとゆっくり教えても、子どもは聞いている間にほかのことに関心を移してしまい、その言葉は子どもの脳を素通りしてしまいます。これも、子どもの周波数と合っていないからなのです。

親御さんが「こんなに教えているのに、ぜんぜん言葉を覚えてくれない」と嘆くと、子どもはその様子を見て、ストレスを強く感じてしまいます。そして、そんな悪循環に親御さんは疲れてしまいます。

問題は、子どもの周波数に合わせて働きかけることができていないことです。親御さんが悪いわけでも、お子さんが悪いわけでもありません。とくに言葉の遅い子どもたちは、言葉を使えない分、音や味、におい、聞くもの、見るものへの感覚がより敏感になっていることが多いので、その子の周波数に合わせて働きかけることがより重要になります。

子どもはこうして言葉を身につけていく

子どもが発語能力を身につけていく段階を見ますと、まず乳幼児期に、意味をなさない「くー」や「あー」など単純な音を発すること（クーイングといいます）からはじまります。

その次は二音以上からなる音（喃語といいます）が言えるようになります。ここを通過しないと、次の意味のある単語が言えるようにはなりません。

もし喃語が少ないと思ったら、お子さんが自分から声を出したくなるような環境になっているか考えてみてください。子どもは成長すると、しだいに楽しいと感じたときに声が出るようになります。「楽しい」「やりたい」という感情が生まれると、声を発することが増えてくるのです。楽しく遊んでいるときは、親が思いっきり声をかけてあげると、さらに声を出すことを楽しむようになります。

また、子どもが何か音を発したら、それに周波数を合わせて、「楽しいんだね」「いい声が出るんだね」と、よくほめてあげましょう。喃語をよく観察して、子どもが言いやすそうな音を教えてあげるのもいいですよ。

喃語が出ていると、しだいに意味のある単語が少しずつ出てくるようになります。最初は二音の単語、次は三音の単語と増えていきます。このとき、二音の単語は言えるけれど三音の単語が言えないとか、絵があれば三音以上の単語は出てくるけれど絵がないと出てこないということもあります。

大切なのは、そうした言葉の出方をよく観察することです。音の多い単語がうまく出てこないのは、言葉そのものより、言うことに自信がないから、という場合もあります。そのときは、無理をせず、お母さんが代わりに言ってあげて、子どもが安心して発語できるようにしてあげることを優先してみてください。

お母さんの前では間違っても安心だと思って遠慮なく言えるようになると、どんどん話せるようになってきます。ひとつでも言えるようになったら、抱きしめてほめてあげ、安心と自信を感じさせてあげましょう。私は少しのことでも気絶するほどほめることをおすすめしています。

喃語は出ているけれど、なかなか意味のある単語が出てこないこともあります。この場合は、親御さんが子どもの言いたいことを先回りして対応しているケースがよく見受けられます。子どもが自分の言葉で言えることが大事なのです。忙しくて待っていられず言ってしまう、言って教えたほうが覚えるのが早いなど、いろんな事情や理由があるとは思うのですが、子どもが言葉にするのを待つほうが、あとの子育てはずっと楽になります。

単語が出るようになると、最初は一語文だったのが、二語文になり、三語文になっていきます。でも、焦らないでください。まとまった文を話せるようになっても、子どもは自分の感情や意思をうまく伝えられるわけではありません。奇声をあげたり、駄々をこねたり、怒ったり、乱暴をしたりする子どももいます。

そうした場合は、親としては大人しくさせたいところですが、気持ちがはっきり伝わらない子どものもどかしさを理解してあげましょう。たとえば、

「いたかったのね」

「いやだったのね」

といったふうに言葉で子どもの感情を表わしてあげるとか、

「わかったわかった」

と抱きしめてあげたりして、子どもの感情に寄り添ってあげてみてください。子ども

は理解してもらうことで安心しますから、少しずつもどかしさというストレスが解消されて、だんだん親の話す言葉が子どもの脳に入力されていきます。

なかには、5歳以上の子どもで、ほとんど喋らなかったり、今まで喋っていたのにしゃべらなくなったりするケースがあります。しかし、言葉が出なくても、言葉を理解していないわけではありません。先回りをせずに、子どもが意思を示す行動を待つようにしましょう。ストレスによってしゃべらなくなるケースも多いので、子どもが安心して話せるように、抱きしめてあげたり、落ち着いた声で話しかけてあげたりすることも大切です。

家庭こそ言葉の基礎をつくる最高の場

子どもが言葉を獲得して話せるようになるまで、どのような段階をたどるのか、簡単にお話ししましたが、こうした言葉の発達は、すべての子どもに一律に起こるわけではありません。子どもには一人ひとり、脳の発達特性があり、それは、子どもの言葉の発達にも当てはまります。これが本書でもっともお伝えしたいことの一つなのです。

子どもの脳の発達特性を誰よりも理解できる立場にあるのが親御さんです。保育園や幼稚園は、一人の先生がたくさんの子どもを担当しています。一人ひとりの子どもの発達特性に合わせて、きめ細かく対応するのは難しいのです。しかし、親御さんは自分の子どもの専門家です。誰よりも、わが子の様子をじっくり見ることができます。

子どもの言葉の発達も同じです。親御さんは、わが子の言葉の発達段階を理解し、わが子に合った言葉の能力を身につけるように教育できる立場にあるのです。いろんな専門家の情報を参考にするとしても、子どもの言葉の基礎をつくる教育ができるのは親御さんであり、家庭という場なのです。

1章

言葉がうまく出てこない。こんなときどうすればいいか？

1 〝そのうち〟と思いつつも言葉がまったく出てこない

☆喃語（なんご）が出ないまま今も言葉が出てこない

「喃語すら出てこない」というご相談を受けることは多いのですが、そのような場合、じつは親御さんが喃語のことを誤解しているケースが大半です。

喃語とは、乳児が発する「あぶぶぶ」「あむあむ」といった意味のない声のことで、発達段階でいうと、声帯の使い方や発声を学習している段階です。そのなかで、一音だけ母音主体の声を出すことをクーイングといいます。

クーイングや喃語が出てこないお子さんは確かにいらっしゃいますし、そのための対応は必要なのですが、非常に少ないケースです。そもそも喃語は五感に直結して出てくるため、脳がとても敏感なこの時期の子どもには喃語が出てきやすいので、焦らないことです。

ところが、ご相談でお話を聞いていますと、じつはお子さんがクーイングや喃語を発しているのに、そのことに気づいていないことが多いのです。そして、「いつまでも意味のある言葉が出て来ない」と不安を抱えておられます。脳が敏感な子ほど、その親御さん、とくにお母さんのストレスを引き受けてしまい、かえって言葉が出て来なくなるのです。

言葉が遅いかなと思っても、親御さんが子どもの潜在的な可能性を100%信じて、笑顔でお子さんと向き合うことを心がけることが第一です。具体的にどうすればいいのかは4章で紹介します。

言葉の発達体験記

「しゃべるのは無理」と言われた子に喃語が出てきた！

原田亜希ちゃん（仮名・3歳）のお母さん

現在3歳2カ月の女の子です。生まれながらの難聴のため、2歳8カ月のときに音を聞くための機械を頭に入れる手術を受けました。

その際「この子には『自閉症』『発達障害』がある」との診断がありました。それから3歳を迎えたときには、言語訓練の先生から「しゃべるのは無理」と宣告されました。そのころ、出会ったのがエジソン・アインシュタインスクール協会（EESA）です。そこで、驚くような出来事があったのです。

鈴木先生が子どもに高速カードを見せました。すごいスピードで目まぐるしくカードがめくれられていきます。それが子どもの興味を強く惹いたのか、親の私たちも初めて見るほど真剣な目つきでカードに集中しています。

じつは、それまで「エンピツ」も「コップ」もまったく教えたことさえなかったのに、鈴木先生が「エンピツどれ」と聞くと、すぐエンピツのカードを指差します。「じゃあ、コップは」と聞くと、コップのカードを指差します。それがたった1回の高速カードを見ていただけでできてしまったのです。私も主人も唖然とするばかりでした。

それから家庭でも私が高速カードをやって見せると、カードはもちろん私たちの顔もちゃんと見ています。

言語訓練には「口の動きを真似させる」ことが大切ですが、それまではこちらの動作など見てもくれなかったのに、それをきっかけに私たちの口元までしっかり見てくれるようになりました。

それからは、大好きだったテレビやDVDには目もくれず、絵本の中のキャラクターの表情や体の動きなどを模倣するようになりました。1カ月ほど経ったころ、療育の先生や周りの人たちから「子どもらしい顔になってきた」と言われるようになりました。

はっきりとした言葉はまだですが、喃語は増えてきました。指差しもしっかりできるようになりました。言語の先生やお医者さんからは「しゃべれない」と言われていましたが、いつか普通にしゃべるようになるかもしれないと希望が持てるようになりました。

☆指差しや手ぶりで親に伝えることもしようとしない

乳幼児にとっては、指さしというのは複雑で難しいポーズです。ですから、それなりの器用さが求められるのです。指差しや手ぶりができなくても、目線で対象物を見たり、手を伸ばしたりするようであれば、理解はできていると考えてください。

親御さんが指差しや手ぶりをして見せると、その真似をして次第にできるようになってきます。

またそのとき、二択以上の選択肢を用意して子どもと周波数を合わせながら「どっち?」「どれ?」と聞くことを続けていると、親御さんとの意思疎通ができるようになってきます。多くの場合、それにつれて言葉も出てくるようになります。

手先の器用さは、もっと大きな動作ができるようになるにつれて養われていきます。

親御さんは、決まった一つの典型的なことができないとすべてできないと思いがちですが、それに近いことが少しでもできていたら、ちゃんと子どもは成長しているので安心しましょう。安心して接することがお子さんにとって何よりも大切です。

言葉の発達体験記

私の目を見て「カーカ」と呼んでくれて思わず泣けた

渡辺圭吾くん（仮名・3歳）のお母さん

うちの子どもは3歳4カ月です。1歳半の検診時に、指差しをまったくしないことと、言葉が3つくらいしか話せないということから、他の子よりも遅れていることが判明しました。

そのうえ、動きが激しく落ち着きがないので、多動も指摘されました。偏食もひどく、おかず無しでご飯だけ食べたり、ご飯も食べずにお菓子だけで済ませたりすることもよくありました。

そんなあるときEESAの存在を知り、思い切ってセミナーを受けてみました。セミナーで得たもっとも大きな収穫は、私自身の気持ちが前向きに変化したことです。

それまでの私は、わが子の将来をただ盲目的に不安がり、悲観の果てに手をこまねいているだけだったのです。

「この子には私が教えてあげられることがたくさんある」

と悟った私は、初めて前向きな気持ちで子どもと向き合えるようになりました。まずはじめたのは、お風呂での暗示かけです。

「何でも食べられるね」

「道路は飛び出さないね」

「みんなで手をつないで歩けるね」

「先生の話がよく聞けるね」

と、普段、私が心配していることをくり返し言い続けました。するとその言葉を覚えてしまって、自分でもくり返し言うようになりました。

同時に、食べる意欲が出てきて何でも食べるようになりました。そして私がいちばん嬉しかったことは、

「カーカ　カーカ」

と呼んでくれたことです。それまでは、私を指して呼んでくれることはなかったのに、私の目を真っ直ぐに見て、そう呼んでくれたのです。もう嬉しくて嬉しくて……抱きしめて、泣けてきてしまいました。

最近、覚えることが得意になって、本やその辺にある回覧板などを「読んで！　読んで！」と言いながら持ってきます。読んであげると、その内容を覚えてしまいます。かなり長い文章でも覚えられるようで

「おじいさんは　やまにしばかりに　おばあさんは　かわにせんたくに」

と言えてしまいます。

「この子は学習することが好きだったんだ！」

「やる気がある子だったんだ！」

と気が付きました。

これからも子どもの小さな変化や癖を見落とすことなく、学習のチャンスを見つけてはどんどん教え続けてあげたいなと思っています。

☆男の子は女の子より言葉が遅いといわれるが、何か根拠があるのだろうか

言葉の男女差は一般にはよく言われることですが、６５００家族以上の改善指導をしてきた体験では、言葉の学習における特別な男女差は認められていません。

右脳優先の時期にある子どもにとって、左脳を使って言葉を話すことはストレスになりやすいので、言葉を話すのをいやがる場合もありますが、「話したい」という欲求のほうが強くなるにつれて、ストレスを超えて喋り出すようになります。

一般的に女の子のほうが生理学的にストレスに強いので、言葉が早く出る傾向はありますが、決定的な差があるわけではありません。

いずれにしても、言葉がなかなか出てこないと思った場合には、言葉を出すときの

ストレスが少しでも軽減するように笑顔で話しかけてみてください。それで大きく変わることがよくあります。

☆話しかけても視線を合わせず、微笑を浮かべることもない

親御さん、とくにお母さんが話しかけても視線を合わせないのは、意識がこちらに向いていないためです。たまたま他からの刺激に反応していることもあるでしょうが、何よりお母さんと周波数を合わせようとしていないのです。

いろんな理由があるでしょうが、たとえばお母さんがストレスを抱えていると、子どもはそのストレスから自己防御をするために、お母さんと周波数を合わせようとしません。

子どもに周波数を合わせる一番の方法は、お母さんが心からの笑顔を見せることです。子どもはお母さんの笑顔が大好きですから、お母さんと安心して周波数を合わせようとします。

ときには、いろんなことでストレスを抱えているお母さんが心からの笑顔になるの

は難しいこともあるでしょう。

そんなときに私がおすすめしている方法があります。それは、少しテンションを上げた優しい声色、音符でいうと「ラ」の音で子どもの名前を呼び、笑顔をつくって話しかけることです。子どもの注目をひきつけることができ、周波数が合ってきます。子どもは、とくにお母さんと周波数が合うとホッとして笑顔になりますし、視線を合わせるようになってきます。

この方法は、私が数多くの子どもたちと接してきた経験から見つけたものです。低年齢のお子さんだけでなく、一定の年齢に達したお子さんに対しても有効です。

言葉の発達体験記

無反応だった子が苦手な感情表現ができ、会話も上手に

登坂龍くん（仮名・5歳）のお母さん

息子は、5歳のとき、自閉症スペクトラムと診断されました。感情表現が苦手で、私が仕事から帰って「ただいま」と声をかけても、無反応で素通りするような子でした。

感情を出すのは、たとえば朝、幼稚園に行く準備のとき、制服に着替えるのを嫌がって泣き叫ぶことでした。息子を羽交い絞めにして着替えさせていると、私のほうも泣けてくるようでした。

会話も一方的で、一日中ただ同じようなフレーズをずっとくり返していたりします。私が「何が食べたいの？」と話しかけても、「ちょうちょ　とんでた　ちょうちょ　とんでた」といった調子で、こちらにはまったく興味も反応も示してくれませんでした。

幼稚園でも同じ状態でしたし、たまに私の職場に連れて行っても誰ともコミュニケーションをとれないので、周りにも随分と心配をかけていました。

ある日、ＥＥＳＡの存在を知り、思い切ってトレーニングセミナーに参加してみたんです。それから3カ月間、家でも私が付きっきりで、高速カードなどみっちりとトレーニングを続けました。

すると、ある日突然、

「今日ね　幼稚園で　プールで　泳いだ　面白かった　ママゴトもしたの」

と話してくれたのです。もう、気絶するくらいほめて、抱きしめてあげました。

それから1年近く経った今では、私が「ただいま～」と家に帰ると、「お帰りー」と嬉しそうに飛び跳ねて迎えてくれます。

幼稚園も楽しそうに通うようになり、朝のボタンはまだ自分で留めることはできませんが、シャツに手を通し、ズボンも履いてくれます。

園の先生や職場の人たちも、息子の変化をとても喜んでくれて、それが私の勇気になり、大きな喜びとなっています。

☆なかなか言葉が出てこないが、気長に待てばいいのか

お子さんから、なかなか意味のある言葉が出て来ないと心配される親御さんにおすすめしていることがあります。それは、どんな音でもいいので、お子さんから出てくる音を、お母さんの耳で聞いたまま五十音順で「発語ノート」に書き留めることです。この発語ノートは、言葉の発達を知るうえで、大事な資料になります。

くわしくは4章でご紹介しますが、書き留めているうちに、五十音の中でたくさん記されている音があることがわかってきます。それが、子どもが発しやすい音です。その音を含む2音くらいの言葉を優先的に教えていくと、子どもはその言葉を発音しや

すくなります。

たとえば、「あ」の音が多いようなら、「あお」とか「あか」といった2音を教えていきます。このとき、色がわかるカードやおもちゃを見せながら、そしてお母さんの口元を子どもに見せながら発音してあげます。すると、お子さんはちゃんと言えなくても反応してくるようになります。

これをくり返していると、音を発する機会が増えて子どもの口の周りの筋肉が鍛えられ、しっかりと音を出せるようになります。

言葉を教えるときは、お母さんが笑顔で行なうことも忘れないでください。そうでないと、子どもは難しいことをやらされていると誤解してしまうので、気をつけましょう。

短い言葉が少しずつ言えるようになってきたら、一気に長い言葉を言えるようにする最適の言葉があります。それは、子どもが大好きなキャラクター「アンパンマン」です。「アンパンマン」のうち、どこか一部でも言えるようになったら、ハグをして盛大にほめてあげましょう。すると子どもは嬉しくなって何度も言うようになり、「アンパンマン」と言えるようになります。

少しでも言葉が出たら盛大に褒めてあげると、ますます自信がついて、言葉の発達スピードがアップします。

言葉の発達体験記

４カ月でDQが69から99に。普通に会話もできる

大田孝行くん（仮名・３歳）のお父さん

私は医師をしています。息子は２歳半ぐらいから言葉がほとんど出ないなど、発達の遅れが気になるようになりました。言葉の遅れのある子どもの教室にも通ったのですが、なかなか改善されませんでした。

誰かと遊ぶことには興味が湧かないのに、外出などで目についたものには後先も考えず駆け寄り、私たちの視界から消えてしまうなど、まったく落ち着きがありませんでした。

３歳になったとき、医療機関で受診したところ「DQ（発達指数）は69で、高機能ではない自閉症ですね。つまり、知的に遅れが認

められるということです」

と言われました。何とか打つ手はないかと調べ尽くしていたとき、鈴木先生の本と出合いました。

「知的障害児には療育以外、これといった治療法はないし……」

「できることは何でもやってあげよう」

そんなことを夫婦で話しながら、思い切って鈴木先生の面接を受けることにしました。すると、

「大丈夫！　この子は伸びますよ」

と先生から言われ、とても大きな勇気をいただきました。帰宅してすぐ高速カードをはじめるとともに、栄養状態の改善にも努めました。ＥＥＳＡの教材の他にも、私が良いと思ったものはどんどん採り入れました。

そして4カ月後、息子は劇変しました。言葉すら満足に出なかった息子が普通にしゃべるようになったのです。会話がごく普通に成立するのです。他の子どもたちや従兄弟と一緒に遊ぶようになり、歌まで歌うようになりました。

それにつれてＤＱはぐんと伸びて99になり、小学校の普通学級が見えてきました。周

囲も驚くほどに落ち着きが出て、最近は妻と一緒に買い物にも行けるようになりました。

もちろんまだ課題はあります。聞き分けが悪かったり、我慢のできないこともあります。しかし、それらも改善の途中段階なのだと思えるので、未来に希望を持って家族で頑張っていこうと思っています。

☆言葉にしなくてもやってあげているから言葉が出てこないのだろうか

言葉とは、意思表示の手段です。ですから、意思表示の必要があれば子どもは話そうとしますが、親御さんが先回りしてなんでもやってあげていると、意思表示の機会を失うので、しゃべらなくていいと判断し、しゃべらなくなります。

まず親が我慢をして、子どもに意思表示が必要だとわかるような態度を示さなければなりません。何かをしてあげる場合にも、やってあげたくなるのを我慢して、まず子どもに意思表示をさせるようにしましょう。

「どうしてほしいの？」

「何がほしいの？」
「どっちがいいの？」
と質問して、目線や指差しで意思を示すまで待つようにします。こうしたことを続けているうちに、徐々に子どもの反応が変わってきます。何か欲しいものがあるときは、お母さんの腕を引っ張ってやってもらうよりも、言葉で言うほうが早いことがわかってくるからです。

親御さんに我慢が足りないと、子どもの意思表示を待つより自分がやってしまったほうが早いと思ってしまいがちです。しかし、そこはぐっとこらえて、子どもの意思表示を待つようにしましょう。そのときは、少し時間がかかっても、あとになるほど楽になります。

これは24歳から指導した大人の例ですが、親が先回りをやめて根気よく待つことを続けていたら、28歳になって急にしゃべりだしたのです。幼児期は、それよりはるかに変化は早いですから、ちょっと我慢して子どもの反応を待ってみましょう。

❷ほかの子と比べて言葉が出てくるのが遅い

☆個人差があるとわかっていても周りの子よりかなり遅いので心配

まだ言葉をうまく話せるステップに来ていない子どもは、体で表現して親にわかってもらおうとします。それが、泣いたり、暴れたり、ときには異常行動をしたりという現象として現われることもあります。

ところが、周りの子どもと比べて年齢相応のことができない、言葉を話せるようにならないことに親御さんが焦りを覚えてしまうと、「なんでこういうことをするの？」と感情的になってしまい、子どもの意思表示になかなか気づけなくなります。言葉の発達にも逆効果になってしまいます。

そのようなときは、言葉を発していなくても、子どもは意思表示をしたがっているのだということを理解して、どういうことを言いたいのか、子どもの動きから探るようにしましょう。そして、「こういうことがしたかったの?」と言葉にして質問してあげましょう。すると、子どもは自分の気持ちを汲み取ってもらえたと理解し、親に対する信頼が強くなります。

同時に、大きな課題にすぐにトライするのではなく、スモールステップに分解してトライしてみましょう。こうすることで、子どもが達成できることがどんどん増えていき、言葉も出やすくなります。子どもの自信も膨らんでいきます。

言葉の発達体験記

おしゃべりもケンケンもできるまでに変化!

高岡秀行くん(仮名・4歳)のお母さん

うちの子は幼稚園入園前から「あれ?」と思う点がいくつかありました。同年齢の子ができること、たとえばケンケンなど軽い運動が上手くできません。意思を伝える程度の会話はできるものの、他人とのコミュニケーションとなると、ひどく緊張して言葉を発することすらできませんでした。

幼稚園に通うようになって、いろんな面で他の子との差が目立ちはじめ、遂に幼稚園の先生から

「発達に遅れがあるのでは？」

と指摘され、驚いて市の相談センターに行きました。そのころ、たまたまＥＥＳＡの存在を知り、訪ねてみることにしました。

親子面談で鈴木先生は「この子は大丈夫！」とおっしゃり、子どもに高速カードを見せたのには驚きました。想像を超えるスピードで「数」や「ひらがな」のカードを読み上げながらめくっていきます。わが子がそれをじっと見つめています。その集中力たるや、前日までのわが子とは信じられないほどでした。

そのとき受けた説明どおりに、さっそく自宅で1回10枚の高速カードを読み上げながら見せたところ、カードの内容も順番も全て完璧に覚えています。星が好きなので、少し難しいかな？　と思いつつも、市販の星座カードで試してみると全部、順番どおりに覚えていました。

その他に、体温は36度前半で少し低かったのですが、36度後半までアップしました。体力も、見た目でわかるほどアップしました。近所の子と遊んでいるとき、当たり前

のようにケンケンをしている姿を見たときの感動は一生忘れないと思います。

ＥＥＳＡに出会ってから１カ月くらい経ったころ、再び市の相談センターを訪れました。ビックリするくらい話すことができ、ケンケンも上手に披露したので、職員の方も目を白黒させていました。

その後も、毎日、確実に成長していくのが実感できます。本当に感謝でいっぱいです。

☆近づいても無視して遊び続け、話しかけてもそっぽを向ける

子どもが話しかけられても無視をするのは、脳が過敏になっていて外からの刺激を不快に感じやすくなっているからかもしれません。できるだけストレスを感じさせないように、笑顔で優しく接してください。すぐにこちらの話を聞かなくても、諦めずに次の日も優しく話しかけてみましょう。

リラックスさせるにはスキンシップも効果的です。背骨をさすったり、手をぎゅっと握ってあげたり、しっかりハグをしたりしましょう。私は親御さんに、深呼吸や「こ

ちょこちょ体操」（拙著『まちがいだらけの子育て　脳の発達特性に合わせるだけでどんな子もグーンと伸びる』コスモ21刊参照）、「パワーアップ体操」をおすすめしています（次頁参照）。親御さんがリラックスしてから話しかけると、反応がよくなることがあるからです。

親御さんが子どもの態度に一喜一憂してしまうと、それが余計に子どものストレスになってしまうこともあります。子どもが無視をしても、大声で叱ったり、理由を追求したりはしないようにしてください。

大切なのは、子どもが安心して親と向き合えるようにすることです。たとえば、朝、子どもが起きたら、必ず笑顔で「おはよう」と挨拶をすることを習慣にする。これだけでも子どもの反応が変わってきますよ。

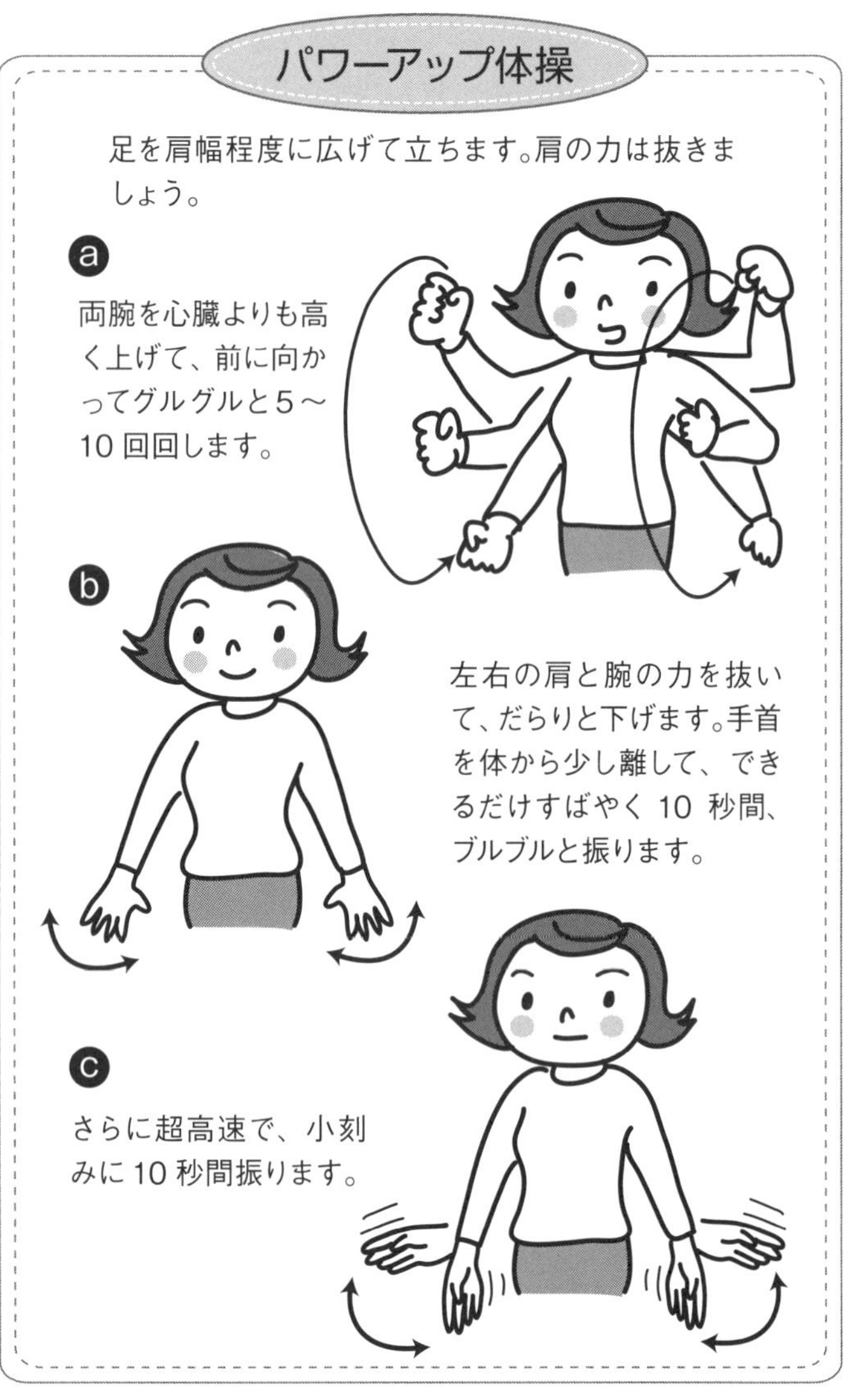

パワーアップ体操

足を肩幅程度に広げて立ちます。肩の力は抜きましょう。

a

両腕を心臓よりも高く上げて、前に向かってグルグルと5～10回回します。

b

左右の肩と腕の力を抜いて、だらりと下げます。手首を体から少し離して、できるだけすばやく10秒間、ブルブルと振ります。

c

さらに超高速で、小刻みに10秒間振ります。

☆言葉の遅れが心配だが、どんな検査を受ければいいのかわからない

私の認識ですが、専門機関で検査を受けますと、お子さんの現在の能力を標準のものと比較して査定し、この月齢でこれができていないのは発達が遅れているからと決めつけてしまいやすいのです。それでは子どもの発達特性が見えませんし、親御さんはショックを受けてしまいます。親御さんが落胆すると、子どもの発達はますます遅れていきます。

専門家が子どもの言葉を検査するのは、わずかの時間です。子どもの日常をじっくり見ているわけではありません。もっとも身近にいる親御さんこそ、お子さんを正確に観察できる最高の専門家なのです。

ＥＥＳＡの発達検査表は、親御さんがお子さんの日常を観察し、言葉に限らず、でき**ている**こと、でき**そう**なことに注目していきます。子どもの脳にはそれぞれ発達特性があり、どんな子も改善し、成長していけると認識しているからです。

発達検査表を使うと、どんなに小さな言葉の変化でも「もう少しでできそう」と思

えることが見つかります。あとはそれを「できる」にまで伸ばせば、言葉を発達させることができます。何度も言いますが、それをもっともできる立場にいるのが親御さんなのです。

言葉の発達体験記

言葉が増えてきて習った歌を口ずさむことも

小島多恵子さん（仮名・お母さん）

5歳2カ月になる男の子ですが、幼児期から首の座りが遅かったり、2歳1カ月でやっと歩きはじめたりと、全体的に成長が遅れていました。あちこちの病院で検査しましたが、原因がわからず、病名もつきませんでした。

もう調べることはやめて「この子と向き合わなければ」と思ったころ、鈴木先生の本と出合ったのです。親子面談の後、月に1回鈴木先生の個人レッスンに通うことにしましたが、「親が家庭で取り組むことが大事」と思い、家で高速カードをはじめとするトレーニングにも励みました。

そのうち、発達検査表の項目にもないような細かい変化が起こっていることに気づくようになったのです。そんなある日のことです。

「じゃお父さん　行って来るよ」

「行ってらっしゃい」

「えぇっ⁇　なになに？　今何て言ったの⁉」

今までバイバイしか言わなかったのに……

それまでは段差が怖くて降りるのを嫌がっていたのが気にならなくなり、できなかったジャンプができるようになり、楽しそうに「見て　見て」とアピールします。私は嬉しくて、気絶するほどほめてあげました。

言葉に関しては、単語が少し増えた程度ですが、以前より話す言葉が聞き取りやすくなったと感じます。

今はフリースクール制の学校で健常者の子たちと一緒に学んでいるのですが、学校で覚えて来た歌を2曲くらい歌います。音程もしっかりしていて、夢かと思うぐらいに嬉しくなります。

まだまだ少しずつではありますが確かな変化に触れるたびに、勇気と希望をもらっています。

☆身体面の成長はわかりやすいが、言葉の発達はわかりづらいので不安

低年齢の子どもほど、自分のことを言葉にして表現する能力が未発達なので、その成長がわかりにくい面があります。

言葉が出て来ないと、親の言うことをどこまでわかっているのかあいまいで心配になりますが、理解していないわけではありません。

「子どもはお母さんが話すことを理解している」という前提で、子どもに話しかけたほうがいいのです。そのときは、子どもが理解しやすいように、ストレスを感じないように話しかけてあげることが重要です。

たとえば、何か一つでもわかっている言葉や図とか絵、ゼスチャーなどがあれば、まだそれだけしかわかっていないのかと否定的に考えず、一つでも理解していることを「わかっているのね、えらいね、よくできたね」と、ほめてあげることも重要です。それによって何よりも、子どもは自分が認められ

受け入れられたことを実感します。この受容された感覚があることで、子どもが言葉で自己表現しようとするときに感じるストレスがグンと減ります。

とくに言葉の発達は、身体の発達よりもわかりにくいので、どんなに小さな言葉の変化でも見逃さないようにして、見つけたら思いっきりほめてあげてください。それによって

「自分が何かを言葉にできると、お母さんが喜ぶんだ、じゃもっとやろう」

と、子どものやる気を引き出すことができます。

☆他の子どもといるわが子を見ていて、言葉の理解が遅いようで心配

多くの親御さんは、わが子の言葉が遅れていることに、一対一で接している間は気づきにくいようです。保育園や幼稚園でわが子が他の子どもたちといるとき、先生の指示などでみんなと一緒に動けない様子を見て、異変に初めて気づきます。きっと慣れてきたら先生の言葉を理解して行動できるようになるだろうとそのままにしていても、心配は膨らんでいきます。

じつは、兆候はその前から現われていたはずです。お母さんが言っても行動できないことがよくある、お母さんが話す言葉の理解が遅い、発する言葉の数が乏しい……。親御さんが、子どもの言葉がどのように発達するのかをよく知らないと、そうしたことに気づかないまま見過ごしてしまうことが多いのです。

わが子の言葉の発達は今どの段階にあるのか、できていること、もう少しでできそうなことは何か。そう思って子どもを観察していると、どんなふうに働きかければ言葉の発達を促すことができるのかもわかってきます。決して悲観してはいけません。

☆知的発達の遅れで言葉が遅いのではないかと心配

知的発達の遅れが言葉の遅れに関係している場合は確かにあります。しかし、子どものうちに言葉を上手に脳に入力し、うまく出力できるように家庭でトレーニングすると、個人差はあっても必ず言葉の能力は伸びていきます。トレーニング内容については、あとの章でご説明します。

ところが、この言葉の入力がうまくできていないと、言葉で自己表現ができないストレスが子どもの脳にかかり、さらに言葉の発達が遅れてしまいます。そうならないためには、できるだけ早い段階から言葉を入力してあげることが重要です。

子どもの脳の神経回路は未熟なので、言葉を入力してもすぐに語彙数が増えるわけではありませんが、くり返し言葉を入力していくことで神経回路が作られていき、あるところまで達すると自然に言葉があふれ出てくるようになります。

言葉の入力には、高速カードをくり返し読んであげるのも効果的です。プロローグで説明しましたように、高速で読み上げるほうが子どもは集中します。カードの意味を真似て言うようになります。これを続けていると、お母さんが教えた言葉もどんどん出てくるようになります。

なかには、言葉が脳にたくさん入力されているのに、なかなか言葉が出て来ないことがあります。とくに五感が敏感な子どもは、周りの刺激に反応することに精いっぱいで、言葉が出て来にくいことが多いのです。本当は自分から言葉を発信したいのに、それができないので聞くだけになっているのです（子どものころのアインシュタインはこのタイプの典型でした）。

この場合は、脳のエネルギーが増えると自然に言葉が出てくるようになります。それには、ストレスを減らして脳のエネルギーを無駄遣いしないようにしてあげることが重要です。

たとえば、わがままで我慢できない状態は、脳のエネルギーを無駄遣いするので、わがままをコントロールする術を親御さんが教えてあげてください。その方法は、3章でくわしくお話しします。

言葉の発達体験記

電話でおしゃべりなどビックリする変化が！

吉岡俊くん（仮名・6歳）のお母さん

うちの息子は今6歳ですが、ダウン症で、はっきりしゃべられないうえに、言葉の意味を理解できないようで、ずっと会話が成り立ちませんでした。そんな子が、EESAでレッスンを受けたとき、高速カードに驚くほど興味を示したのです。

その様子を見て、これはひょっとしたら、いいかもしれないと、私は微かな希望と期待を抱きました。実際に、息子に変化が現われるまでに、それほどの時間はかかりませんでした。

自宅で高速カードをはじめて数日後、動詞のカード2枚を出して「走るは、どっち?」と聞くと、指差しで答えたうえに、絵と同じポーズを取りながら「走る」とくり返し言ったのです。

その後、自分でカードを1枚ずつ繰りながら、「リンゴ」「バナナ」とひとり遊びもするようになりました。覚えた言葉は根気よく何度も何度もくり返して言います。

私は本人のやる気が嬉しくて、その言葉をずっと聞いてあげるようにしました。そんなある日、幼稚園の先生から電話がありました。「連絡し忘れたことがあったので、俊くんに替わってください」とおっしゃるのですが、言葉が増えてきたとはいえ、人と面と向かってはまともにしゃべったことはありません。

それで電話なんて到底無理だと思ったのですが、息子に替わると、一所懸命に先生の話を聞き、最後に「わかった」と一言言ったのです。私が「お話、何だったの?」と聞くと、「ピーコ　お当番」と言います。

園で小鳥の当番があるのですが、「エサを持ってくることを伝え忘れたので、お願いします」と先生から言われたというのです。

息子が生まれて初めて電話で話せた瞬間でした。

（大丈夫かな…？）と不安に思いながらも、キャベツを用意してやると、自分でカバンに入れていました。翌朝、登園するなり、真っ先に「持ってきた」と先生に言って手渡したそうです。

人と話して、内容をちゃんと把握して、行動に移せるようになったのです。私の希望は大きく膨らむばかりです。

☆それまで言えていた言葉が、あるときからまったく出なくなってしまった

小さいときに言葉が出ていたにもかかわらず、あとになって出なくなることがあります。たとえば、何かのショックや家庭の事情などで緊張し、リラックスできない状態が続くと、子どもの話す意思が低下してしまうことがあります。

つまり、環境から何か強い刺激を受けることで脳のエネルギーを消耗してしまい、子どもの話す意思が低下してしまう（話すことの優先順位が下がってしまう）のです。これは、敏感な子どもほど多く見られる現象です。

親御さんがついつい子どもにストレスをかけすぎているために、言葉が突然出なくなってしまうこともあります。たとえば、子どもを早く伸ばそうと焦って言葉を教えたり、無理にしゃべらせようとしたりする親御さんがいます。そのために、言葉が出なくなったり、ときには吃音（どもり）になったりすることもあります。

早く伸びてほしいという親心はわかりますが、それが子どものストレスになっていないか、振り返ってみてください。いずれにしても、一度言葉が出ていたのであれば、必ず再び出るようになります。

言葉は左脳的な機能です。とくに子ども期の場合は右脳中心ですから、右脳と左脳はまだうまく連動していませんが、脳は楽しいときに分泌される快楽ホルモン（学習ホルモン）で左脳と右脳が連動しやすくなり、言葉も出やすくなります。

ですから、子どもの脳にとっては、楽しいと感じられることが大人が考えている以上に重要なのです。

お母さんやお父さんがリラックスしていることもとても大切です。たとえば、親子がマンツーマンで言葉を教えようとしていると、親御さんにも子どもにもストレスになり、うまくいかないことがあります。

こうした場合には、複数の人が関わると、感情コントロールにゆとりが生まれます。今までお母さんと子どもがマンツーマンだった場合には、ご主人も参加するように工夫するのもいいでしょう。

お父さんとお母さんの会話は、子どもの言葉の発達にとても影響します。夫婦がお互いに挨拶の言葉をかけ合う、感謝の言葉を言い合う、思いやりのある言葉をかけ合うといったふうに、よい見本を見せてあげられるようにしましょう。

こうしたことを続けていると、子どもの脳のレベルが上がりトラブルの解消が早くなるので、きっと言葉が出やすくなりますよ。

☆同世代の子どもと遊ばせたほうが言葉の発達は早くなるのだろうか

同世代の子どもと遊ばせることで、子どもは家庭では味わえない刺激を受けます。とくに、言語のレベルの高い子どもたちの中にいると、一緒に言語レベルが上がっていくこともあります。自分の気持ちを言葉で伝えないと、自分の希望が実現できないことがわかるので、自発的に言葉を発するようになるのです。

ただし、同世代の子どもたちの中にいるとストレスを感じて黙ってしまう場合もあります。そのままだと他の子どもたちに置いていかれてしまい、ストレスをもっと増やすことになってしまい逆効果です。

そのような場合は、リラックスできる環境に戻してあげましょう。いろいろな世代の人たちとふれ合うことも大事です。ただし、おばあちゃんやおじいちゃんに預けた場合、子どもが言葉を発しなくても先回りしてやってくれることが、かえって子どもの自発的行動を少なくしてしまうこともあります。また、子どもが自主的に行動できる環境が失われてしまうと、そこで発達が止まってしまいますので、親御さんがよく環境を見て判断してください。

3 短い言葉は出ているが、会話ができない

☆言葉は出ているが、いつまで経っても発音がうまくできない

右脳と左脳の連携がうまくいっていないと、思ったことや考えたことが言えなかったり、言い間違えたり、うまく発音できなかったりします。これは、訓練によって調整することができます。

おすすめは、音節が多い言葉の場合はスタッカートで短く切って発音して見せてあげることです。このときも、笑顔でいることが重要です。

「エレベーター」ならば、「エレ・ベー・ター」と細かく区切って発音して見せながら子どもに真似をさせます。これによって、一つ一つの音が正しく発音できるようになってきます。うまくできたら、必ず、たっぷりとほめてあげてください。

これをくり返していると、しだいに音をつなげて「しょうぼうじどうしゃ」などと

発音して見せても上手に言えるようになるでしょう。

どんな言葉がいいか、どんなタイミングでやるといいかは子どもの発達特性によって異なりますから、子どもをよく観察して行なうようにしましょう。

☆言葉は出るようになったが、語彙数がほとんど増えていかない

語彙数が増えないのは、圧倒的に入力が足りないためです。子どものストレスにならないように笑顔で教えているのになかなか語彙数が増えないようならば、まだ子どもと周波数が合っていない可能性があります。

そのときは、カードで絵柄を超高速で見せながら早口で言ってみてください。読み上げのスピードをどんどん早くしていくと、思いもよらない速さのところで、子どもの目線がカードに集中するようになります。子どもが集中する速度まで、スピードを上げることがコツです。

語彙数を増やすには、子どもが好きなものや得意なもの、興味を持っているものから教えていくのもよいでしょう。覚えたら「自動車博士」「電車博士」「虫博士」「英語

博士」などと呼んであげると、自信をもってどんどん覚えていくようになります。

言葉の発達体験記

先月まで一言もしゃべらなかった子が1カ月で変化!

宮本咲ちゃん（仮名・2歳）のお母さん

2歳10カ月の娘です。先月まで本当に一言も出てこない子でした。それがEESAに出会ったのをきっかけに、劇的な変化が現われはじめたのです。最初の兆しは小さかったのですが、私は毎日の目標を「子どもの観察をよくする」ことにしていたので気づいたのかもしれません。自宅で高速カードをしていたときのことです。

何事にも興味を示さないうちの子は、相変わらずじっと見ていることができずテーブルの上に乗ったり、椅子から離れたりしていました。でも、よく見ると必ず目の端でカードをチラ見しているのがわかりました。ひょっとして興味があるのかな?

私は思いつきで、カードを裏返しにして、「黄色　イエロー　白　ホワイト　青　ブルー」と読んでみました。すると、興味を持ったのかカードに近づいて来て、「イエロー　ブルー」と言葉を発してくれたのです。

高速カードは日本語と英語の両方が表記してあるタイプなのですが、うちの子はなぜか英単語によく反応します。単語の種類は、最初は数字や色の名称など簡単なものだったのですが、続けるうちに動物の名前など長い単語まで覚えて言葉にするようになりました。

そのうち、私でさえ1回聞いただけでは覚えられないような長い単語でも、娘は一発で覚えてしまうんです。嬉しくなって、娘を気絶するくらいほめてあげました。

言えるカードの言葉が増えるにつれて、「ママ　ご飯」といった言葉がポツリポツリと出るようになり、しだいに言葉で意思表示して行動することも増えてきました。

これだけの変化がわずか1カ月で起こったのです。娘の未来に希望が見えてきて、毎日が充実しています。

☆言葉がまちがっているときはこまめに教えるけれど、一向に直らない

言いまちがいは、小さいときに訓練しておかないと、一生そのまま覚えてしまいます。その都度、こまめに教えることが必要ですが、口の筋肉が未発達で、うまく発音できていないこともあります。その場合は口の動きを鍛えるようにしましょう。すぐできるのは、お母さんが口元を見せながら発音して真似させることです。お子さんの口の周りをやさしくソフトに10回ぐらいタッピングするのも効果的です。

☆3歳を過ぎても一人称、二人称の使い分けができない

子どもは、とくに3歳くらいまでは右脳が非常に優位です。ですから、理屈で説明されてもよくわかりません。五感を使って教えたほうがわかりやすいのです。そのためにおすすめなのが、お父さんとお母さんでロール・プレーイングをしながら教えることです。

ある場面を設定して、お父さんとお母さんがさまざまな役割を演じる様子を子どもに見せるのです。人物の写真や絵を貼ったカードを使ってもいいですし、鏡を使ってもいいでしょう。

そのストーリーのなかに、「わたし」「あなた」と指差す場面を入れます。子どもが関心を示したら、子どもに役割を交代させて楽しむのもいいでしょう。そこで、状況に応じて一人称と二人称が変わることを伝えます。

指差しするとき、名前で呼んでしまうと一人称と自分の名前が混同してインプットされてしまうので注意しましょう。また、子どもが役割を演じるときは、お母さんが子どもの背後から耳元で「わたし」「あなた」と囁き、子どもに後追いで言わせるとやりやすくなります。これをシャドーイングといいます。

幼いうちは、子どもはお母さんと同一化しやすいので、お母さんが二人羽織の要領で子どもの背後に回って一緒に言ってあげると、子どもは自分が言っているつもりになって覚えやすくなります。

☆5歳になっても自分のことを言葉で言えない

子どもの言葉でお悩みの親御さんならおわかりだと思いますが、言葉はいきなり出てくるものではありません。月齢・年齢に対応して言葉が自然と出てくるのではなく、その子の脳の発達特性に応じて少しずつ出てくるのです。どの発達段階の言葉でもいいので、まず一言でも出せるようになることが最初の目標になります。インプットなしにはアウトプットはできませんので、まず、親御さんが何かにつけて笑顔（目が笑っている笑顔）で、同じ言葉をくり返し話しかけてあげることからはじめましょう。

言葉が出ないお子さんは、他人がいるところではますます口をつぐんでしまうことが多いものです。お家でお母さんに言えないのなら、外でも出せないのは当然です。お母さんがそうした子どもの状況を汲み取ってあげて、まずは言いやすい言葉を自主的に言えるように仕向けてあげることも重要です。

大人でもそうですが、言葉に限らず、行動や表情の動きから思いを汲み取ってあげることで心が通じ合うことも忘れないようにしましょう。

☆うまく言葉にできない分、パニックになることが多い

言葉で伝えられない、言いたいことを整理できない、そうしたもどかしい状態がパニックや自傷（頭を壁に打ちつける、自分自身を叩くなど）、他傷、唾を吐くなどの行為につながります。

そもそも、こうした行為は不安、ストレス、不満の表現として出てきます。解決方法をそれしか知らないためです。私は、このような行為を改善するためには、二通りの方法があると考えています。

一つは、親御さんが子どもの心を推測して共鳴してあげることです。すると、子どもは親に自分の感情や意思が伝わっていることがわかり、「うまく伝えられない」という焦燥感が減少します。

とくに小さいお子さんは脳がまだ十分に発達していませんから不安になりやすいのです。でも、お母さんとの間で体験と感情を共有できると、パニックを起こしにくくなります。たとえば子どもの行動には必ず理由があるので、お母さんがまず、「なぜこ

ういう行為をするのか？」と可能な範囲で子どもの立場になって推測し、「これがしたかったのね」と声をかけてあげましょう。そして、ぎゅっとハグしてあげます。

親御さんが子どもの行動の理由を推測できるようになると、親子で体験と感情を共有できる場面が増えていきます。そしてその分、パニックの回数も減っていきます。それとともに、親から話しかけられる言葉を覚え、子ども自身がその言葉で表現することで、どんどん言葉を身につけていきます。パニックの回数はさらに減っていくでしょう。

パニックを改善するもう一つの方法は、エモーショナルコントロール（感情コントロール）というメソッドで心を落ち着かせることです。

パニックは、脳内の炎症で発生します。この状態を落ち着かせるには、子どもを抱きしめたり、子どもの背中をとんとんたたいたり、子どもの手足を揉んだりして五感を通して安心感を与えてあげるといいでしょう。

子どもがパニックを起こしたことでお母さんが不安定になり、気持ちが子どもから離れてしまうと、子どもはますます不安になります。たとえお母さんが不安を感じても、子どもをぎゅっと力いっぱい10秒間抱きしめてあげてください。子どもはお母さんと身動きがとれないほどスキンシップができます。それで、守られていると感じ、やがて落ち着いてきます。

ただし、この方法は、子どもがお母さんのことを好きであることが前提です。お母さんとの信頼関係がまだうまく築けていない場合には、子どもが好きなものを見せたり、聞かせたり、においをかがせたり、食べさせたりして、五感に訴えてパニックを鎮めるほうがよいでしょう。そのためにも、普段から子どもが関心をもっているものを見つけておくようにしてください。

☆言葉が出ないときに唾を吐くようになった

何かを言いたいのにうまく言葉で言えないと、子どもが唾を吐いたり、裸になったり、暴れたりすることがあります。親御さんはそれを見て心配になりますが、じつはこのような行動は、子どもに意思表示の仕方を教える絶好のタイミングが到来したというサインなのです。

親御さんとしては、「どうしてそんなことをするのかな?」「何がわからないのかな？」とじっくり子どものことを考えるチャンスであり、子どもにとっては、言葉やスキルを身につけやすいタイミングなのです。

子どもの問題行動だけを抑えようとすると、子どもは直し方がわからず逆効果になってしまいます。

意思表示のスキルを教えるためにおすすめしたい方法があります。たとえば、おもちゃで遊びたかったのに、ほかの子どもが横から先に取って使ってしまい、自分の子どもが唾を吐いたとします。その場合には、

「おもちゃをとられちゃったからおこっちゃったのね」

と、まずしっかり共感、共鳴してあげましょう。そして、

「おもちゃをとりかえしたくなるよね」

と代弁してあげながら背中をさすって落ち着かせ、子どもが自分で感情をコントロールできるように仕向けます。その次に、

「でも、ちょっとかしてあげてから、かえしてっていえばいいよね」

と解決策を教えてあげます。

こうすると、子どもは自分の気持ちに共感、共鳴してもらうことで安心し、さらに

解決策を考えることを学びます。諫めて叱るだけでは、こうしたことは起こりません。言葉をかけて共感、共鳴したと思っても、うまく子どもに伝わらない場合は、ハグなど五感を使って共感、共鳴していることを体で伝えてあげてください。皮膚は〝愛情の座〟といわれています。

感情の切り替えは大人でも難しいものです。ですから、何より大切なことは子どもに感情を切り替えるチャンスを用意して接してあげることです。そうすることで、子どもは感情のコントロールの仕方や解決策を見つけることができ、ストレスを感じずにうまく切り替えができるようになります。

唾を吐いたことに大人が慌てて躍起になってやめさせようとすると、周りにいる他の子どもも反応してキャーキャー騒いでしまうことがあります。それを見て、唾を吐いた子どもが面白がり、何度もくり返すこともあります。大人が騒ぐのはどんなときも逆効果なのです。

もし、子どもがそのような状態になっていたら、落ち着いているときに、

「かっこいいのは何かな？　お口がキュッとなっていて……」

などと、唾を吐かないほうがいいことを教えておくといいでしょう。

うまく言えなくてほかの子に噛みつく子どももいます。その場合も噛むという行動には理由があるので、大人は慌ててはいけません。噛まれた子のフォローをしたら、噛んだ子をハグして、「かみたくなったんだよね」と子どもの気持ちを代弁してあげることも忘れないでください。そして、噛まずに済むような解決策を提示してあげてください。暗示による行動変容法もおすすめです（のちほど説明します）。

☆悪いことをしたときに叱ると、かえって暴力的になる

これを、子どもの目線で考えみましょう。自分がやりたいことや、続けて行ないたいことを、怖い顔で怒られて中断させられるので、泣いたり暴れたりするしかなくなっている状態です。親御さん自身は「叱っている」と思っているかもしれませんが、実際には「怒っている」場合も多いようです。まずは、叱ることと怒ることを混同しないようにしましょう。

怒るというのは、親御さん自身の感情処理です。怒っている自分に興奮してしまうこともあります。しかし、叱るというのは、冷静に注意し、やってはいけないことを

気づかせ、正しい行動へ導くための行為です。

叱るときは必ず、「あなたのことは大好きよ」と言葉で伝え、ハグをしましょう。その次に、「でもこれはだめよ」と伝えます。子どもの心を折ることなく、正しい情報をインプットすることで、間違った情報をマスキング（覆い隠し、忘れ去らせる）してあげることができます。

子どもが、怖い顔をして怒っている親をおもしろがって、同じことを何度もくり返すことがあります。これはパターン（常同行動）化とエスカレートによるものです。もちろん危険な行為は叱らないといけませんから、そんな場合は、まず子どもの意識をこちらに引きつけておき、困った、悲しいという感情を込めた声で冷静に「やってはいけません」と注意します。

子どもが他の子をぶってしまうのは、本人のがまんや感情のコントロールがうまくいっていない状態です。落ち着いているときに、「次はこうしようね」と約束ごととして提案をしておき、完全にできなくても約束を少しでも守ろうと努力した様子があれば、ほめてあげてください。約束を守ることを覚えさせることが必要だからです。

他の子どもを叩くという行為は、相手に対して要求がある場合が多いです。「用事があるときはこうしようね」と言って、やさしく触れ合う感触をお母さんが教えてあげましょう。相手にそっとやさしくタッチする練習をお母さんとやるとよいでしょう。

また、叩くことを防ぐには、叩かれて痛そうにしている子どものイラストに大きくバツ印をつけて貼っておき、叩こうとしたらそれを見せます。そうして視覚的に理解できるようにすることも効果的です。

他に親御さんが寸劇をして説明する方法もあります。「おもちゃを貸して」「はいどうぞ」「ありがとう」「仲良しだね」などと言いながら、親御さんが楽しそうに行なうと、子どもは真似をします。それがうまくできたら、必ずほめましょう。しだいに我慢の回路ができてきます。

親から見たらまずいことでも、子どもがそれをしようとこだわることがあります。そんなときも、「これがしたかったね」「もっとやりたかったね、お母さんもわかるよ。でもおしまいだから明日またやろうね」としっかり共感してからルールを教えるようにしましょう。

言葉の発達体験記

3歳でも出てこなかった言葉が突然立て続けに！

清水修くん（仮名・3歳）のお母さん

うちの子は現在3歳の男の子ですが、3歳になって受けた親子面談でも言葉がまったく出ない状態でした。そのためか、思いどおりにならないと全身で暴れて意思表示をします。大好きな外遊びのときも、引き上げようとすると暴れて大変です。

医師に診てもらうと、まるで諦めろとでも言われているようなアドバイスしか受けられません。少しでも良くなってほしいと思い、いろんな情報を調べていたときに鈴木先生の本を読みました。夫や母に背中を押されたこともあってセミナーを受けてみることにしました。

それから5カ月ほど経ったころのことです。それまではウンともスンとも言わなかった子どもの口から突然、「あか」と「あお」の言葉が出てきたのです。さらに「おはよう」「おかえり」も……。私は、ただただ驚きました。

それからはどんどん言葉が出るようになり、自分の思いを伝えられるようになったことでストレスが軽減したのだと思います、保育園にも元気に通うようになりました。そのころから食べものの好き嫌いも無くなっていき、苦手だった大根やブロッコリーも大好きになって、苦手な食べものが減っていきました。お蔭様で体も丈夫になり、わがままを言って暴れることも少なくなりました。

まだまだ不安もありますが、きっと良い方向に進むと信じて頑張っていきます。

☆こだわりが強く、言葉のやりとりが難しい

興味の偏りがあったり、こだわりが強かったりする子どもは感覚が鋭く、特定部位の神経回路の密度が上がるので、その分野で才能を開花させる傾向があります。しかし、こだわりが強い分、それが受け入れらないときはパニックになりやすく、親とも言葉でやり取りすることが難しくなります。

そのままでは、せっかくの才能を活かして社会生活を営むのが苦手になるかもしれません。衝動的な行動を抑えて我慢する回路を子どもの脳につくっておくことが大事です。そのための基本は子どもに自信を持たせることです。

これまでお子さんがこだわりを持ったことは、日にちや時間帯に関係なくそのままやらせていたのだとしたら、「これをできるのは、この日ね」とか「これをやるのは、この時間ね」と約束事をインプットしていきます。

具体的にはリラックスしているようなときを見計らって、「今日はお母さんとお話ししよう」と前置きし、時計やカレンダーなどの時間や日にちを見せます。そして、「これができるのは、この時間ね」「これは、この日にやろうね」「約束を守る遊びをしよう」などと話して、これから楽しいことがはじまるイメージを伝えます。

たとえば、子どもが同じ洋服にこだわって、別の服を着たがらないとしたら、「この服を着たいよね。でも、この日に着るのはどうかな」と別の日を示して、子ども自身が「その日にする」と言葉に出して選択できたら、子どもはその自分に自信を持つことができ、我慢の回路がつくられていきます。

このとき、カレンダーで選んだ日のところに花丸やシールを付けてあげると、子どもは楽しみながら待つことができます。

「選択肢は子どもに見つけさせてもいいですか」と聞かれることがありますが、はじめから子どもがそれをするのは難しいので、やはり親御さんが選択肢を用意してあげたほうがうまくいきます。

子どもが「これにする」と言葉に出して選んだときは、「よく選べたね。今日は我慢できてすごいね」と思いっきりほめてあげてください。子どもはもっと自信を持てるようになります。ちなみにカレンダーや時計、花丸やシールを用いるのは、視覚の情報は子どもの脳に入りやすく、記憶に残りやすいからです。

もう一つ、選択肢を示すときは、前もってほのめかしておくと、子どもはより選択しやすくなります。たとえば、いつも通るような場所で「この道しか行きたくない」と子どもがこだわる場合には、「こっちにも道があるね、今度行ってみない?」と、前もってほのめかしておくといいのです。そうして予告をして新しい道のイメージを脳に入れておくと、次はそちらの道を自分で選択しやすくなります。どれもちょっとした工夫ですが、子どもが選択するときのストレスを軽減できます。

何より自分で選んだという自信を持つことで、我慢の回路がよりスムーズにつくられていきます。親御さんのストレスも軽減できるので、リラックスして子どものこだわりを受け止めることもできるようになります。

言葉の発達体験記

偏食の改善で言葉がどんどん出てきた！

加藤まみちゃん（仮名・6歳）のお母さん

まみは3歳のときから、言葉の遅れ、目の焦点が合わない、地下鉄に乗るとパニックを起こすなどの症状がありました。そのころのＩＱは50台だったと思います。

まみが通った幼稚園は、それまで発達障害児に対する知識がなかったので、私が先生方に対応方法をお伝えしました。そのこともあったのだと思いますが、園の考えが変わり、障害児を受け入れる幼稚園になりました。

それから2年半、今は療育に通いながら普通の幼稚園に通っているけれど、小学校は支援級も覚悟しなければいけないかなと悩んでいたとき、ＥＥＳＡの存在を知りました。

レッスンを受けてみようと思った理由の一つは「子どもの偏食を治したい」と思ったことです。野菜がまったくダメで、パンやうどん、チーズなど小麦粉と乳製品だらけの食事でした。

レッスンをきっかけに、家での食事はご飯と味噌汁を中心とした和食に変えました。すると、初めてレッスンを受けた直後、子どもに驚きの変化がありました。誰ともコミュニケーションしようとしなかったまみが、お絵描きをしながら「おめめを描いて」と私に話しかけてきたのです。

また、レッスンで暗示をかけるといいと聞いたので、「お口からお話がたくさん出てくるよ」という暗示をかけていたら、今度は「おかーさん」「おとーさん」「だーいすき」といった言葉が次々と出てくるようになったのです。

レッスンから1カ月後には、それまで少ししか食べられなかった給食を完食することができ、偏食が治りました。

3カ月経つと、それまではずっと独りぼっちだったのに、いつの間にかお友だちと手をつないでトイレに行けるようになりました。

言葉のほうは、4カ月後に2語文が出てくるようになり、1年経つころには3語文が出るようになったのです。

小学校は普通級に進ませるか、支援級に通わせるか悩んでいますが、今は、しっかり言葉のやり取りができるようになれば、普通級に進ませることができると希望を持っています。

☆独り言のように話しているが、話しかけても会話にならない

子どもが自分の世界に入って遊んでいるとき、独り言を言っている姿を見かけることがあります。独り言とは、自分の世界、無意識のイメージの世界で気づいたことを口に出している状態ですが、まだ左脳が未発達で右脳が優位になっている子ども時代にはよくあることです。

現実と自分のイメージの世界との区別ができないため、親御さんからすると、何を言っているのかわからないし、心配になって話しかけても会話にならないかもしれません。しかし、独り言は子どもの脳の発達過程で出てくる一つのステップで、想像を言語化する回路が出来てきている証でもあるのです。普通は、成長して右脳と左脳のバランスがとれてくると消えていきます。

子どもが独り言を話しているとき、かたわらで聞いていても何を言っているのかわからないかもしれませんが、子どもの世界を知るきっかけになって面白いはずです。く

り返し聞いていると、内容が徐々にしっかりしてくるのもわかります。

独り言の内容について質問してみて、子どもが自分の言葉で答えてくれたら、そのやりとりの感覚がコミュニケーションにつながっていきます。

また、子どもが話している内容に関連する言葉を教えてあげると、語彙を増やすサポートにもなります。

ただし、独り言がうなり声になっている場合は、自分のイメージの世界を言葉にしているというより、過剰なストレスによることがあります。そのように感じたら、子どものストレスが軽減されるように心がけてあげてください。

2章

子どもの脳の発達特性によって言葉の出方は違ってくる

言葉を使えるのは人間の脳だけ

人間の脳が他の動物とは異なる複雑なコミュニケーション能力をどのように獲得したかは、まだよくわかっていないこともたくさんあります。しかし、過去の記憶を言語化したり、未来の希望や予測を言語化したりできるのは、人間だけが獲得した脳の使い方です。

エジソン・アインシュタインスクール協会（ＥＳＳＡ）では、そのことに注目し、以前から

「脳科学に基づいた子育てや家庭教育こそ、子どもの特性を伸ばして育てるのに最適である」

と考えて、脳科学的なアプローチを重視してきました。

従来の育児では心の働きに焦点を当て、児童心理学の研究に基づいた教育が主となっていました。しかし、それだけでは子どもの成長をうまく促すことができず、子育てや家庭教育で悩みを抱える親御さんがどんどん多くなっています。

脳科学の進歩によって、子どもの言語面はもちろん、知性面、社会面、運動面がどのように発達していくのかが明らかになってきています。これまでの常識では、発達障害は改善しないと考えられてきましたが、私は脳科学に基づいた教育指導でそれらが改善していく現場を数多く目撃してきました。

言葉の発達障害も同じです。言葉の遅れを改善するには、脳に注目してアプローチすることがいちばんの近道であることを実践指導のなかで体験してきましたが、脳神経外科医の篠浦伸禎先生との出会いにより、それは確信に変わりました。

篠浦先生は、都立駒込病院の脳神経外科部長として、「覚醒下手術」という最先端の手術を10年以上にわたって550症例以上も続けてこられた世界トップクラスの方です。「ガンの名医100人」のお一人でもあります。

手術のなかで、患者さんの生きた脳に直接触れる体験を重ねるなかで、脳は部分ごとに異なる機能を持っていること（機能局在）を確認できたといいます。それによって、脳の病気の原因を突き止めやすくなり、治療のヒントが的確に得られるため、患者さんのリスクを軽減できるというのです。

このことは、発達障害のある子どもたち（言語の発達障害も含めて）の改善に取り組んできた私の認識とも一致していました。一人ひとりの子どもたちと関わるなかで、脳のどの部位の機能にトラブルが起きているかを知り、対応していくことで改善を促せることがわかってきたのです。

子どもの脳の発達特性によって言葉の出方は千差万別

子どもの脳の発達過程については続く3章でくわしくお話ししますが、生まれてすぐの新生児の脳は、おおよそ300～400グラムです。それが、3歳になるまでに1000グラムを超えます。一方、成人の脳の重さはおよそ1400～1500グラムといわれています。

つまり、3歳までで子どもの脳は成人の8割ほどにまで成長するのです。生まれてからのこの短い期間に、ここまで急速に成長を遂げるのですから、子どもによって脳の発達特性に違いが出てくるのは当たり前です。

つまり、言語面、知能面、社会面、運動面で「早く成長する部分」「ゆっくり時間をかけて成長する部分」などが違ってきて、一人ひとりに発達上の特性が現れるのも当然のことでしょう。

言葉も同じです。それぞれの子どもの成長の特性によって、言葉は違った出方になります。このことがわからないままほかの子と比べて「言葉が遅い」「まだ言葉が出てこない」「せっかく出ていた言葉が出なくなった」と悩んでいる親御さんが多いのです。わが子がどの発達段階にあるかが見えないことで不安になってしまうのだと思います。

たとえるなら、「3歳なのに言葉が出ない」「4歳なのにこれができない」という悩みは、家の2階に昇れないことにばかり目がいき、階段の1段目に足をかけて昇ろうしている子どもの発達を見逃しているようなものです。1段目を昇り切らなければ、2段目に足をかけることはできません。1段1段昇っていかなければ、2階へは到着しないのです。

それなのに、「まだ踊り場にもついていない！」と悩んでいると、今目の前で、子どもが昇れそうな1段があることを見逃してしまいます。

学校教育では、2階から子どもたちを見下ろして、「あの子はあと3段で2階へ着く」「あの子はまだ踊り場だ」「あの子はまだ2段しか昇れていない」と、その子がいる段階と標準的な子どもが到達すべきゴールとの差に注目します。でも、本当に子どもの発達を促すためには、それぞれの子どもの発達特性に合わせて教育が行なわれるべきです。

言葉の発達についてもまったく同じです。それを今すぐ学校教育に求めるのは難しいとしても、家庭教育なら可能です。誰よりも子どもの言葉の出方をよく見ている親御さんが、わが子の脳の発達特性に合ったやり方で、一緒に言葉の階段を昇っていけばいいのです。

二語文・三語文が話せるまでのステップ

これまでも、子どもの言葉の発達段階についてふれてきましたが、ここでもう一度整理してみます。子どもが三語や四語など、いくつもの言葉を連ねた文を話せるようになるまでには、一般的に次のようなステップがあります。

❶ 意味のない単純な音を出す（クーイング）

❷ 意味のない2音以上からなる音を出す（喃語）

3 意味のある1音の言葉を出す（「マー」「パー」など）
4 意味のある2音以上からなる言葉（単語）を出す
5 一語で意思表示をしようとする
6 二語で意思表示をしようとする
7 三語以上を使って意思表示をしようとする
8 三語の並べ方を考えて、意思表示の正確さを求める

コミュニケーションにおいて大切な意思表示の段階（5~8）を見ますと、子どもは自分の意思を最初は一語で、その次は二語で伝えようとします。それが三語になると、語順によって内容が変わってきます。そのことを左脳で考えて理解しはじめるようになるのです。いわゆる文法を使うようになった段階です。

三語文が話せるようになると、相手と意味のあるコミュニケーションができるし、思考の整理ができるようになります。より複雑なことを記憶することもできるようになります。

また多くの場合、この三語文を話せるようになる前に、音の数が多い単語のなかに

は言えないものも出てきます。

たとえば、「さつまいも」という単語を言おうとしても、うまく言える音と言いにくい音があったりします。あるいは、五感の働きのほうが早くて口がついていけず、「さ」や「も」だけで済まそうとすることもあります。

三語以上の文を話せるようになるためにも、その前に言える単語、つまり語彙を増やしていく必要があります。語彙が増えていかなければ、文にはなかなか発展しにくいからです。

そのために、おすすめしたいことがあります。

日本語の場合、子どもが最初に取り組みやすいのは体の部位の名称です。「め」「て」などの一音の単語や、「みみ」「もも」など同じ音が二音続く単語もあり、子どもは言いやすいので、最初に取り組むのに向いているのです。

長い単語は、三つに区切って言わせるとよいでしょう。たとえば「さつまいも」は、「さつ」「ま」「いも」と区切って発音します。

教える際は、ストレスがかからないようにしましょう。ストレスが少なく脳のエネルギーが十分にあると、長い音にも対応できるようになるからです。

親御さんが子どもの言葉の発達過程を理解するために、前述した「発語ノート」を記録することもおすすめです。

子どもが発した言葉をノートに書き留めます。日ごろ子どもが発する言葉を聞き流していると、同じような言葉をくり返し言っているだけのように思ってしまうかもしれませんが、ノートを付けていると、こんなにいろんな言葉を発しているのかと驚かれると思います。

目安は、記録される言葉が喃語を含めて100語になると二音文が出るレベル、200語になると三語文が出るレベルです。発語ノートに300語くらい記されるころには、まとまった文が話せるような段階に発達しています。

ちなみに発語ノートを五十音順につけておくと、言いやすい音と言いにくい音、言いやすい単語と言いにくい単語が一目でわかるようになってきます。それを参考にすると、子どもが言いにくい音や単語を確認したうえで効率よく教えることができます。

言葉が出てこなくても脳は言葉を蓄えている

これまでに何度かお話ししているように、言葉が出てこないからといって子どもの脳が発達していないわけではありません。論理的な言葉は言語野である左脳の機能ですが、就学前までの子どもの脳は右脳優先になっていますし、とくに感覚が敏感な子どもの脳は右脳の働きが活発です。

ですから、言葉が出てこなくても子どもの脳が成長していないわけではありません。右脳は五感を通してさまざまなことを感じとっています。安心してたくさん遊び、楽しければ楽しいほど右脳は好ましい方向に活性化していきます。しかも、そうして右脳が活性化すると、左脳の言語野も活性化していくのです。

それまではあまり言葉が出なかったのに、ある日突然、複雑なことが言えるようになったり、親が思いもしなかった思いやりのある言葉が出てきたりすることがあります。これは、言葉は出ていなくても右脳を通して左脳が活性化していて、蓄えられていた言葉が何かのきっかけでパッと出てきただけなのです。

子どもは、言葉が出なくても親や周りの人が話している内容はちゃんとわかっています。ですから、子どもからすぐに反応がなくても、どんどん話しかけて言葉を入力してください。

どれくらい言葉が子どもの脳に入っているのか、ときどき遊びの中で確認してみるのもよいでしょう。決して子どもを試すのではなく、「同じのはどれかな?」「どっちにあるかな?」といったふうに、ゲーム感覚で尋ねてみてください。指差しや言葉で反応できなくても、目線が動けば、方向や数、色などの言葉がちゃんと入力されていることがわかります。

言葉を話すには身体能力の発達も必要

子どもの言葉が遅い、出てこないと、多くの親御さんは知能面の発達に不安を感じられますが、身体面の発達を見落としていることが多いのです。

子ども用のスプーンやフォーク、箸などを自分で使って食事ができているか、小さなボールをつかんだり投げたりできているか、手を動かして絵を描く、文字を書くことができているか……、あるいは、手で触ったり持ったりするといった小さな動きや、ぶらさがる、昇るといった大きな動きができているか……。

じつは、そうして体を動かすことでも脳が活性化し、言葉の発達につながっていきます。

身体面の発達で気になるところがあったら、子どもがやりやすいもの、できそうなものから、楽しくできるように工夫して「これやってみよう!」と促していきます。少しでもできたら一緒に喜び、思いっきりほめてあげてください。子どもの自信につながりますし、その先もさまざまなことに挑戦する推進力になります。

脳も体の一部であると考えれば、体にいい栄養を摂ることも大切です。私の指導体験では、脳の栄養改善を行なうことで、言語の神経回路の形成がスムーズになり、言葉の遅れが劇的に改善されることはよくあります。

じつは、子どもの言葉が遅いと相談に来られる親御さんのお話を聞いていますと、言葉に限らず、子どもの健康面でも悩みを抱えておられることが多いのです。よく聞くのは、ひどい便秘症、アレルギー、偏食、低体温などです。つまり、言語面だけではなく、健康面でもトラブルが起きているのです。

このような健康面の問題に取り組むと、言葉のトラブルも改善されることがよく起こります。具体的にどのような取り組みをすればいいのかは、ここではくわしくお話ししませんが、食事について迷ってしまう場合は、伝統的な日本食を取り入れるように心がけるとよいでしょう。便秘の改善、睡眠の改善なども必要です。

言葉のシャワーをたっぷり浴びせてあげる

子どもは五感から入ってくる情報にはとても敏感です。私の指導体験では、言葉が遅い子どもは、その分五感が研ぎ澄まされていて、五感から入ってくる情報量の加速スピードに追いつけなくなると、脳が混乱してじっとしていられなくなります。

親御さんにとっては、何を言っても伝わっていないように見えるので不安でいっぱいになりますが、その敏感な五感をうまく活用することで、子どもが社会活動をしていくために必要な基礎概念を入力することができます。基礎概念というのは、色や形、大きさ、数字、空間認識など理屈抜きに覚えたほうがいい概念のことです。

写真、イラスト、カードなどを使い、たっぷりと楽しく遊びながら行なうと、伝えたいことをよりスムーズに子どもの脳に入力できます。

生活のなかにあるものも積極的に活用しましょう。たとえば、

「おとうさんのお箸のほうが長いね」

「おかあさんのお茶わんは赤くてきれいね」

と、声をかけながら教えていくのもよいでしょう。

気を付けてほしいのは、1、2回やってみて子どもの反応が薄いと「わからないだろうから教えない」とならないことです。何度もくり返しながら、言葉のシャワーを浴びせていると、子どもの脳に言葉が蓄えられていきます。

ご参考に、小学校入学までに入力しておきたい基礎概念を挙げておきます。

①色

赤、青、黄の3色から始める。必ず1色で塗りつぶしたカードを使うこと。

3色が頭に入ったら、虹の7色、12色、108色へとドンドン増やしていく。

若草色、浅黄色、濡れ鼠色、などの微妙な色の違いがわかる脳になる。将来は、色彩関係の分野で活躍できるかもしれない。

②図形

丸、三角、四角の基本図形から始める。それぞれの形をした物（丸ならボールや太陽、三角ならおにぎりや山など）のカードを対応させることも、おススメ。

平面的なカードだけでなく、積み木などを活用して立体的な図形へ展開していく。色のついたカラー積み木で、いろいろな組み合わせをすると、面白く学べる。

図形をはめ込むパズルを使い、いろいろな形のピースを見せて、その図形の名称を教えながら、はめ込みさせるのも楽しい。子どもが戸惑ったときは、「お母さんがやってあげるね」と言って、子どもの目の前で、名称を言いながら正解にはめ込んで上げる。

子どものときに、親子で図形を楽しく遊んだ子は、図形に対してプラスイメージを持ちやすい。学習効果が高まり、算数クラスでの図形の授業が楽しみになる。図形博士などと言われると、それがキッカケで、中学校でも数学が得意になったりする。

③大小

大小とは、相対的な判断である。たとえば、犬はアリよりも大きいが、象よりは小さい存在である。この感覚は、日常の生活の中で、くり返し体験することで身につく。家にあるものを使えば、カードを使わなくてもかまわない。靴、お皿、ぬいぐるみなど身の回りのものを使い、「こっちは大きい」「こっちは小さい」と指し示しながら、楽しく言ってあげる。

親心としては、子どもが理解しているかどうかをすぐに確認したくなるが、そこは我慢。子どもは試されていると感じると、強いストレスを受け、できることもできなくなる。「出力は後回しにして、入力を優先する」こと。

それでも答えさせたいときは、絶対に入力できているという確信をもって、笑顔で尋ねる。大小両方を見せて、「どっちが大きい?」と、どっち遊びをして指差しをさせる。できるようになったら、「大中小」へと広げる。

※注意 「高い・低い」と混同しないこと

④数字

「数字」と「数」の概念を混同しないこと。数字(0、1、2、3)とは、数を表す記号。数ではない。数の概念を学ぶのに適しているのは、グレン・ドーマン博士が発見したドッツ方式である。

エジソンは、1+1=の答えを2と答えることができなかったそうだ。学校の先生から、「お前の頭は腐っている」と言われたという。それがキッカケで、エジソンは不登校になり、小学校を3カ月で辞めている。

カードの表にドット(丸印)を描き、裏には数字を書く。表のドッツを見せながら、同時に裏の数字「1」「2」「3」も教える。「0」を教えることもできる。

5まで覚えたら、5の合成(足し算)の概念を教える。ドットのカードを見せながら、5は、0と5、1と4、2と3からできていることを入力する。すると、引き算のイメージも湧きやすくなる。

10の合成、15の合成、20の合成と進むうちに、より複雑な足し算や引き算もわかるようになる。

日本が世界に誇る「そろばん」も一種のドッツ。そろばんを習うと、計算能力が必ず高まる。上級になると、暗算能力もつくので、計算が短時間で、正確にできるようになる。計算に自信がつくので、とてもおススメ。

⑤量

まず、量の多い・少ないの感覚を教える。

コップを２つ用意し、一方には極端に多く、一方には極端に少なく水を注ぐ。水の代わりになるものなどを使ってもよい。ただし、口唇期の特徴が残っている子どもには、注意が必要。口に入れても良いものに限定する。

何回かやっているうちに、感覚的に判別できるようになる。そうしたら、二つのコップの水の量の差を、少しずつ縮めていく。その差の程度によって、多い少ないの量の違いがわかる能力の定着レベルが確認できる。

次に、量の単位を教える。１００ccや５００ccや１ℓのペットボトルを使う。

１００cc＝１dℓと教えると、10dℓが１ℓであることがわかる。

※量の単位と単位同士の関係を、超高速楽習カードで入力すると定着が早くなる。

⑥空間認識

体で覚えると良い。子どもを中心にして、右・左、前・後ろ、上・下の六つの概念を教える。

「左」「右」は混乱しやすいので、同時には教えない。最初は、徹底して「右」だけを教える。右手を触りながら「右」と教える。右足を触りながら、「右」と教える。

「右」が定着したら、「右」の反対が「左」と教える。それで、混乱が避けられる。

「右・左」を覚えたら、「前・後」「上・下」も教えていく。

「前・後」を教えるときは、物を使い、子どもの前に差し出して「前」、後ろに差し出して「後ろ」と教える。「上・下」も同様。

「左右、前後、上下」を覚えたら、家の「内・外」、箱の「内・外」も教える。

必ず子どもの隣に立ち、前後・左右・上下が同じ向きになるようにする。向き合うと、ときどき子どもは間違ってしまい、脳の中が混乱してしまう。

⑦比較

比較の概念も、日常生活を利用して教えていく。

「これはこれよりも大きい」「こちらのほうが多い」など、数と量についての「より」という概念を教える。

数と量を覚えたら、「車は自転車よりも速い」「お母さんはあなたよりも高い」など、さまざまな比較表現へと広げる。

⑧順序

遊びの中で楽しく教える。人形やぬいぐるみなどを一定方向に並べて、1番目、2番目、3番目という順序の概念を教える。

慣れてきたら、「前から2番目、後ろから3番目」「上から2番目」「1番下」など、順番の数え方も教える。

数えられるようになったら、「このウサギさんを一番前に置いてください」というように、自分で並べさせる。

順序を学ぶ過程で、順番の意味がわかるようになる。子どもに「後、何人であなたの番よ」と言うと、見通しがつくので、順番を待つことがしやすくなる。

「順番を待つことができる」というのは、「我慢できる」ということ。すなわち、我慢する力も育つ。

※順番を、超高速楽習カードで入力すると定着が早くなる。

⑨時間

時計のオモチャを用意して、1時間ごとの時刻から教える。次は30分毎、15分毎、そして45分毎と教えていく。

生活の中で時刻を教えながら、「3時だからおやつにしましょう」「8時になったから寝ましょう」など、時刻と行動を関連づける。

※ＥＥＳＡの時計カードは、1分毎になっている。事実を正しく細かく入力することで、より正しく判断できる脳の回路が形成される。

⑩お金

硬貨とお札を一通り用意し、それらが「お金」というものであることを教える。お金で、買い物できることも教える。また、実際にお金を触らせてみるのも良い。

お金になれてきたら、「50円と10円で60円になる」「１００円と5円で１０５円になる」などの計算も教える。

お金を使って買い物をする場面を、たくさん経験させる。そうすると、「お金がないと、モノは買えない」ということを感覚的に学ぶことができる。黙って、お店からモノを持ってこようとしなくなる。

お店へ行ったときに、「実際に自分でお金を払って品物とお釣りを受け取る体験」を、たくさんさせる。お金と引き換えに品物とお釣りをもらうことで、計算能力が上がる。

お買い物ができるようになると、記憶力も上がるし、会話力も上がるし、社会性も上がる。

お買い物が一人でできそうになったら、お買い物にチャレンジさせる。勇気も知恵も責任感も伸ばせる。

※ＥＥＳＡの超高速楽習カードの中には、お金のカードも入っている。

⑪ひらがな

最初から、市販の「ひらがな五十音」の集合シートを見せてはいけない。混乱してしまう。カードを用意し、「あいうえお」の文字を一文字ずつ教える。

文字を教えるときには、「これから『あ』のつく言葉を三つ言いますよ。あり、あめ、あひる」などと、その文字が頭につく言葉も一緒に教える。

「あいうえお」を覚えたら、続けて「かきくけこ」「さしすせそ」と、五十音を各行ごとに教えていく。

※ＥＥＳＡの超高速楽習カードには、絵と一緒に、ひらがな、カタカナ、漢字、英語が書いてある。超高速でフラッシュして見せてい

ると、全てが入力されていく。定着すると、イメージ豊かになり、ひらがな、カタカナ、漢字、英語が、判別できるようになる。

⑫カタカナ

「ひらがな五十音」をマスターしたら、ひらがなと対応して「アイウエオ」を教える。

⑬アルファベット

ひらがな、カタカナと同様に、アルファベットを1文字ずつ書いたカードを用意して、入力していく。英単語についても、身の回りにある簡単な単語を、ひらがな、カタカナと同様に教えていく。

生活の中で、入力した英単語を、親ができるだけ使うようにする。

お母さんが英語の発音に自信が無いときには、ネイティブが発音している音源を使って、真似して重ねて発音するようにする。いわゆる、オーバーラッピング。

たとえ口パクでもかまわない。母親の口元を見せながらネイティブの発音を聞かせると、FやHやSやthやVなどの発音技術が身につき、自然にネイティブの発音に似てくる。

⑭音

ピアノなどの楽器で、「ド・レ・ミ・ファ・ソ・ラ・シ・ド」を一音ずつ聞かせ、声に出しながら教えていく。音符も一音ずつ見せましょう。親子で楽しく取り組むと、効果抜群。

言葉が遅いと思ったら、まずすべきこと

言葉が出ない、遅いといっても、どのタイミングで何をすればよいのかは、なかなかわかりにくいものです。一般に、親御さんが子どもの言葉でちょっと変かなと気になりはじめるのは、「まんま」とか「ばぶばぶ」などの喃語は出ていても、なかなかその先の言葉が出てこないときだと思います。

たとえば「ぱ」という音が出ていても、その先の「パパ」という言葉が出ないようなときです。意味のある言葉が出てくることで親子の意思の疎通ができるようになるのですが、それがうまくいかないストレスで暴れたり、奇声をあげたりすることもあります。

この状態が長期間続くと、親も子どももエネルギーを消耗してしまうため、関係がうまくいかず、言葉の入力も十分にできなくなります。

ただし、難聴で反応していないこともあるので、聞こえているのか気になるときは、よく観察してチェックすることも必要です。

言葉が出るのが遅れていても、３歳児検診などの段階では、医師も即断を避け、「しばらく様子を見ましょう」と言うことが多いようです。しかし、親御さんがその言葉に安心してそのままにしておくことは絶対にしないでください。

子どもの脳は、人生のなかでもっとも早いスピードで変化しています。何度も述べていますが、言葉が出ていなくても子どもの脳、とくに感情に関係する脳の部位は活発に動いています。子どもの感情を親が代弁してあげたり、親御さん自身の感情を伝えたり、いろいろ話しかけたりした言葉は必ず子どもの脳に伝わり、蓄積しています。たとえば、「ぶつかって痛かったね」「押されて痛かったね」と、子どもの体験と感情をセットにして声をかけると、痛いと表現することが無意識にできるようになります。それによって、他の人もぶつかると痛いだろうなと想像することもできるようになっていきます。それは、将来、人間関係をつくっていく土台になります。

とはいっても、子どもに入力したものがすぐ言葉になって出てくるとはかぎりません。親御さんとしては心配でしょうが、すぐ言葉かけをやめてしまってはいけません。入力したものは必ず脳に蓄積していますし、それは何かの拍子で必ず出てきます。わが子を信じて諦めずにどんどん言葉をかけていきましょう。

家庭こそが子どもの言葉の力を育てる最高の場

教育とは、子どもに何かを教えてやらせてみることです。たとえ教えたことができていなくても、別のことができているかもしれません。そのことに気づき、そこにその子の伸びしろがあることに気づいて次の段階へと導いていく。じつは、そんな教育がもっとも可能な立場にいるのが親御さんなのです。

もちろん、幼稚園の先生もいろんなことを教えてくれるでしょう。しかし、たくさんの子どもがいるなかで、一人ひとりの子どもの発達特性を見極めながら向き合うことには限界があります。

親は、誰よりもわが子を観察できます。わが子の脳の発達特性に合わせて教えることもできます。特別な教育の時間をとらなくても、日常生活のなかで、わが子が楽しく覚えられるように工夫をすることもできます。

何を教えるときも、楽しくないと子どもの脳は受け入れません。しかも、子どもは、親御さんが笑顔で「楽しいね」「おもしろいね」と言葉で表わしながら伝えることで楽しいと感じるようになります。

おもいやり、人に優しくする、我慢をすることも、親御さんが実際の体験のなかでタイミングよく言葉にして伝えてあげると、その言葉がしっかり子どもの脳に入力されます。

病院に行ったとき駆け回ってじっとしていられなくて困るという体験をされる親御さんは多いと思いますが、そのとき「静かに座っていなさい」と言うのではなく、「あそこのおばあちゃんは苦しそうだから、ここに静かに座っていようね」と、感情と結びつけて言ってあげると、子どもの脳に自然に入力されていきます。

そうして家庭生活のなかで気づくたびに話しかけるようにしていると、いつの間にか自然に言葉が出てくるようになります。家庭こそ、子どもの言葉を育てる最高の場なのです。

3章 脳科学から見た子どもの言葉の成長

子どもの成長は脳の変化を知ることからはじまる

脳の構造は大きく、大脳と小脳と脳幹に分けられます。大脳の表面には、神経細胞（ニューロン）の集まる大脳皮質があり、その奥にある大脳辺縁系は本能や記憶、自律神経といった活動を司っています。

この大脳辺縁系には帯状回、扁桃体、海馬、視床下部など、人間の情動に関する機能を担う器官が集まっており、脳神経外科医の篠浦信禎先生によると、発達障害の改善の鍵となる器官でもあります。

こうした脳の器官は、脳細胞の増加によってつくられていきますが、脳細胞の量的拡大は6歳までで概ね終了します。それ以降は脳の神経細胞はほとんど増えませんが、驚くべきことに、こうした脳の成長過程において脳の神経細胞の取捨選択が行なわれるのです。

もう少し説明しますと、神経細胞は取捨選択によって減っていくだけでなく、情報を適切に処理できるように神経細胞同士がつながっていくというのです。ノーベル医

脳の部位と役割

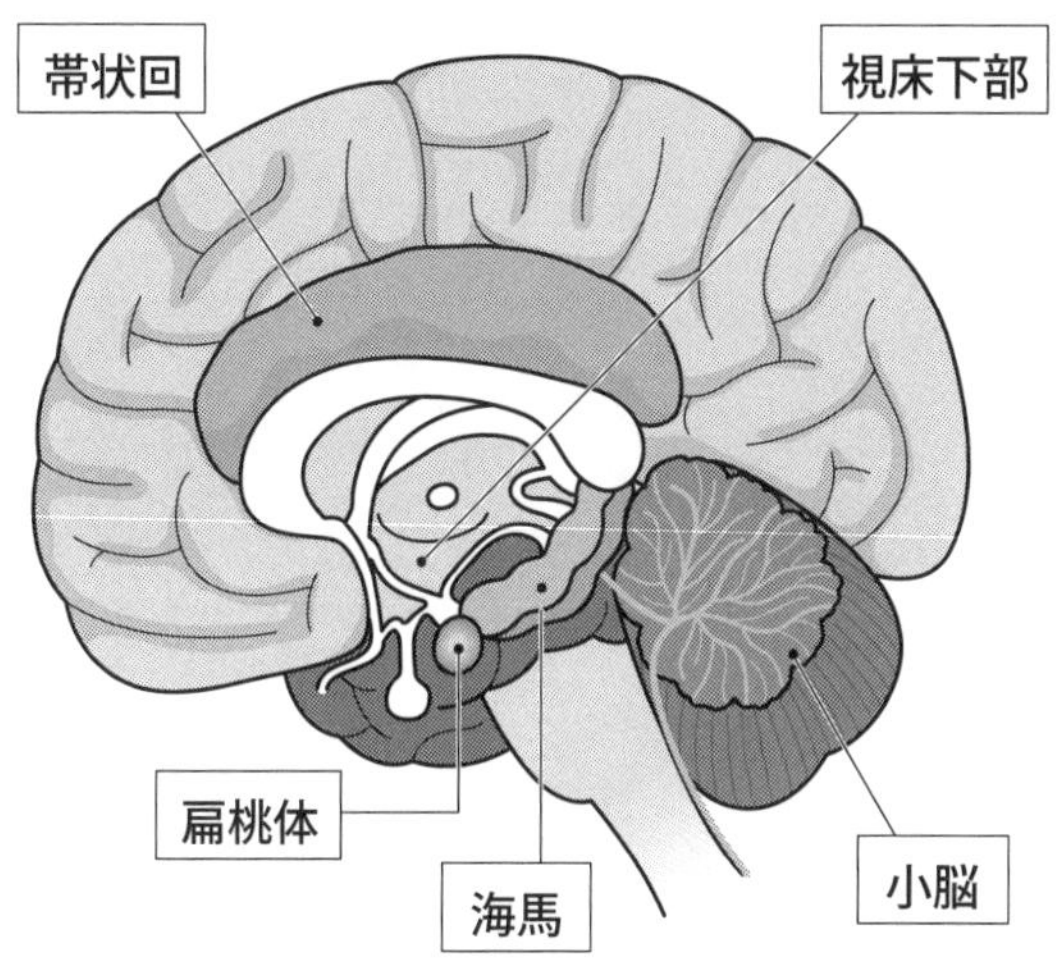

視床下部：自律神経の調節を行なう。体温、血圧などを調節するとともに、食欲、性欲、睡眠などの本能行動及び怒りや不安といった情動行動を調節する。

扁 桃 体：情動の処理に深く関わる。快不快、好き嫌いといった感情を海馬に伝える。また、人の顔を区別する、表情を読み取るといった社会性にも大きく関わる。

帯 状 回：脳全体の司令塔。自我と強く関係する。集中力や気づき、洞察力も帯状回の働きによるもの。呼吸器の調整や情動、認知、空間認知、記憶などにも関わる。

小　　脳：知覚と運動機能の統合。運動が円滑に行なわれるように制御する。「体で覚える」というのは小脳の記憶。

海　　馬：記憶の中枢。五感で感じた刺激はすべて海馬に届けられ保存される。海馬を活性化させることで学習能力アップにつながる。

学生理学賞を受賞した大隅良典先生が提唱された「オートファジー」は、まさしくそのことを示していると思われます。

脳の機能は、神経細胞同士の間（シナプス）で神経回路が形成され連携することで発達します。活発に働く神経細胞は取捨選択の過程で残されますが、使われていない神経細胞は無くなっていくことになります。

ですから、この段階になると、神経回路を増やしてしっかり神経細胞が機能するようにすることが脳の発達につながるのです。脳は、神経細胞の数が増える「量」の段階から、神経回路によってつながり、使用頻度の高い神経細胞が脳の発達を左右する「質」の段階に転換されるのです。

篠浦先生は、この現象について、次のようにたとえています。

「6歳までの子どもの脳は江戸時代の日本、6歳以降は明治以降の日本のようなものです。つまり、江戸時代は小さな町村が全国にたくさんあって、お互い交通の便があまりよくなく、産業を興すには能率的ではない状態でした。それが、明治以降少数の都会に機能が集約し、その都市を縦横無尽に道路でつなぐことにより効率的に産業を発展させてきました。

この、機能が集約した都会が神経細胞で、都会を縦横無尽につなぐ道路がシナプスです」

子どもの脳はストレスに弱い

このような子どもの脳の成長に照らし合わせて考えると、子どもに必要な教育とは、社会生活に対応できる脳の神経回路を形成することだとわかります。

そんなふうに意識しなくても、月齢や年齢が増えるにしたがい、家庭の中で自然にこのような能力は育っていくように思われますが、うまくいかずに子育てに悩みを抱えることも多いのです。その一つが、言葉の能力についてなのです。

多くの親御さんはあるタイミングで子どもの言葉がおかしいのではと気づきます。「言葉が遅い」「言葉が出てこない」ことが気になり、このままの子育てでいいのかとご相談に来られます。とくに五感の敏感な子どもの脳はストレスのためにエネルギーを過剰に消耗していて、発語にエネルギーを使えなくなっています。ですから、まず子どものストレスを軽減させることが必要なのです。

このメカニズムについて、篠浦先生は以下のように説明されています。

脳にストレスが与えられると、視床下部、下垂体、副腎系がそのストレスに刺激されて、副腎髄質ホルモン（アドレナリン）、皮質ホルモン（コルチゾール）が分泌されます。これらのホルモンの作用で闘争的、活動的になることによって乗り越えようとするのです。

くわえて、脳の視床下部は、ストレスに対抗するために交感神経を活性化させます。すると、血圧や脈拍が上がり、戦闘状態に入ります。また、扁桃体が不安感や怒りといった強い感情を引き起こし、これが後先を考えない衝動的な行動につながります。

ストレスによる戦闘状態は、一時的には必要な反応ですが、脳の一部が反射的に働くだけのこの状態がずっと続くと、戦闘状態に関わる脳の領域のみが発達し、それ以外の部位の神経細胞や神経線維の血流が低下するために脳全体の発達が遅れます。これが、奇声を発したり、異常行動をしたり、集中力をなくしたりする原因となると考えられます。

ところで、扁桃体をコントロールする脳の部位が前部帯状回です。ストレスがあっ

てもグッと我慢して、その場から逃げずにストレスに対処させる働きがあるといって
いいでしょう。

そしてもう一つ、視床下部からいわゆる愛情ホルモンであるオキシトシンが分泌されると、扁桃体の過剰な活性化をコントロールできるようになります。オキシトシンは、ストレスを緩和し、不安や恐怖心をおさえる作用で知られていますが、家族や友人とのスキンシップや信頼関係で分泌されるため、愛情ホルモンといわれています。

つまり帯状回は「我慢」によって、視床下部は「愛情」によって、扁桃体から発生する不安感や怒りを抑えることができると考えられます。

お母さんが子どもと向き合って愛情を注ぐこと、つまり、子どもをよく見て、少しでもうまくいったら抱きしめてほめてあげたり、自信をつけさせてあげたりすることで、視床下部の血流が増え、オキシトシンが分泌されます。その結果、扁桃体をコントロールできるようになるのです。

つまり、まずお母さんが愛情を注ぐことが大事で、次に我慢を覚えさせる。これが、脳神経科学的に理にかなった方法だといえるでしょう。

脳が学習する基本

子どもの脳が学習する基本は、楽しさを体感させることと、そのために、スモールステップつまり小さな目的の達成を積み重ねることです。

たとえば折り紙を子どもに教えるとき、大人は、教えたとおりに角をしっかり合わせて折れることだけを目標にしてしまいがちです。でも子どもにとって大切なことは、手本どおりに形を作り上げる以外に、手先の器用さを養ったり、不思議に思う心を養ったりすることです。

そして、何よりもまず、子どもが「折り紙って楽しい！」と思わなければ、折り紙という作業は、脳が学習することに結びついていきません。

どうしたら子どもが折り紙を楽しいと思えるかを考えていると、そのための工夫がたくさん生まれてきます。たとえば折り紙の折り方の手本を見せるとき、パッパッパッとスムーズに折って見せるのではなく、少しずつ折り進めるとどうなるでしょうか？

「四角い紙を、これから変身させるよ」

「何ができるのかな？」

「ここを折ったらどうなるのかな？」

と言いながら、じわじわと形が変わっていく様子を見せます。すると、待つ力（我慢）、期待する力、わくわくどきどきする心が育ちます。

その体験が楽しくて気にいると、子どもは、

「もう一回やって！」

とせがんできますから、再び折って見せます。子どもは結果を知っていますが、その過程も楽しいので、一足飛びに結果（出来上がり）を求めません。そうして、ワクワクしながら待つ力やドキドキしながら期待する力が伸びていきます。

それから3回目くらいで折り紙が完成するまでの手本を見せると、どうでしょう。それまでに楽しい気持ちが、がまんする力を育てているので、折り方の説明を最後まで聞くことができるようになります。

大人が「折り紙を完成する」様子しか見ていないと、手本どおりに折ることができなければ、目標達成率はゼロになってしまいます。でも、折り紙の過程にいくつもの目的を設定しておけば、子どもが身につけられることはたくさんあるのです。

子どもの心と体は言葉に常に反応している

楽しく学ぶということをもう少し考えてみます。

手先がまだあまり器用に使えなくて、途中を大人にやってもらった場合でも最後の仕上げを子ども自身に体験させると、どうでしょう。自分の手で出来上がる瞬間に関わるので、楽しく感じます。しかも、その小さな達成感を味わうことが自信につながります。

そのことで、親御さんが子どもにかける言葉も出やすくなります。

「ついにできあがったね」

「じょうずにできたね」

「次はなにをつくろうか？」

もし子どもだけやらせて、途中で

「むずかしいからできない」

と投げ出したら、子どもは、

「難しくて楽しくなかった」

「途中で投げ出してしまった」

という気持ちが残ってしまいます。親御さんが子どもにかけてやる言葉もなくなってしまいます。


片付けなどでも同じです。まず、片付けというのは「10個出ているものを、10個全部しまうこと」と教えることは当然ですが、そのように教えながら最初から子どもが10個全部しまうことを目標にしてしまうとどうなるでしょうか。子どもが3個までしかしまえないと、残り7個をお母さんがしまってしまいがちです。そして、お母さんも子どもも、「片付けができなかった」ととらえてしまいます。

「まず9個をお母さんがしまって、最後の1個を子どもがしまった」のだったら、子どももお母さんも「ちゃんと片付けられた」と感じます。最初はお母さんがやってみせて、最後を子どもにやらせることで、

「かたづいてきれいになったね！　きもちがいいね！」

と、子どもを褒めて楽しく片付けを終えることができます。子どもも、自分の手で最後の1個をしまったので、

「最後までしまうことが、片付けるということなんだな」とわかりますし、ほめられたので片付けが楽しくなります。自信にもなります。

何か一つのことを子どもにさせる過程で、たとえ本来の目標が達成できなくても、その枝葉にあるものを育てることはできるのです。そこに子どもの伸びしろがあるのです。

お母さんが「たのしいね」と言いながら、子どもと一緒に何かをやってみるというのが、大切な家庭教育になります。

言葉による強制は子どもの脳の発達を妨げる

子どもの判断基準は、五感に基づく「快」「不快」の感覚です。

いいいい親馬鹿目線で親御さんが与える笑顔とほめ言葉は、子どもの「快」につながります。すると子どもは、ますます「快」を求めて行動するようになります。

一方、厳しい判定による厳しい言葉が「不快」となることは明らかですが、言葉の発達障害がある子どもは、その言葉にもっと強く「不快」に感じやすいのです。場合によっては、パニック状態を引き起こして、逆効果となってしまいます。これでは、親馬鹿ではなく馬鹿親になってしまいます。

現代日本の教育は、極端に左脳に偏った教育であり、子どもは本当の意味で、幸福感のある人間関係を周囲の人と築けず、不幸な状況になっていると私は感じています。もちろん、左脳の教育は大事なのですが、右脳を主体にした教育でないと、子どもたちは将来、周囲の仲間と良い人間関係を築き、一生幸せに生きていくことが難しくなるでしょう。

右脳を主体にした教育といっても漠然としていますから、一つ具体例を挙げます。『論語』のような人間学を学び、それを実践させる教育の確立が、子どもの脳を健全に発育させるためには必要であると、私は感じています。

子どもは怒られると、脳が強いストレスを感じ、脳内にアドレナリンが分泌されます。アドレナリンは闘争ホルモンなので、脳が興奮してしまい、学習どころではなくなります。つまり、ストレスに対抗するための行動をとろうとしてしまうのです。それが、泣く、奇声をあげる、暴れるなどの行動として現われます。

これでは、親子の信頼関係がうまく築けなくなるのも無理はありません。もちろん、親御さんとしてもわざと子どもにストレスをかけようとしているわけではないと思うのですが、このような家庭でのストレスだけでなく、学校教育でもストレスを受けたらどうなるでしょうか？　過剰なストレスは、「キラーストレス」とも言われるように、脳の細胞や血管を破壊するほど強く作用するため、脳内で炎症を起こしトラブルの原因になります。

子どもの学習が進むのは、楽しいときです。楽しいときに人の脳は、ドーパミン、セロトニン、エンドルフィン、ギャバといった快楽ホルモンを分泌します。快楽ホルモンは「学習ホルモン」とも言われるように、学習効果を高める作用をします。

なかでもドーパミンは、やる気のもとで、記憶や学習にも働きかけます。ワクワクしているときや、目標を達成したときにも分泌されると言われています。

セロトニンは、ドーパミンとの組み合わせで、前向きで落ち着きのある心の状態に整える働きをします。脳を活性化して頭をすっきりさせる作用もあります。

エンドルフィンは、ゆったりとした気持ち良さを誘い、幸せな気分を高めるもので、集中力にも作用します。

ギャバは天然のアミノ酸のひとつで、抗ストレス作用があり、興奮を鎮めたり、リラックスさせたりします。

日本は長くストレスをかける教育を良しとしてきましたし、それは家庭教育にも浸透しています。それでは、敏感な子どもたちほど潰れてしまいます。今こそ、ストレスをかける教育から、子どもが楽しいと感じる教育へ転換しなければなりません。

脳科学から見た反復学習の効果

カードを用いた反復学習である「超高速楽習法（がくしゅうほう）」は、脳科学的にも効果が高い学習法です。

篠浦先生によれば、反復学習で右脳から入った情報は無意識に小脳にインプットされ、自分で意識しなくても必要なときに、すっと出てくるようになります。ですから、心身の維持に必要な生活習慣や、掛け算の九九、より良く生きるための人生訓など、人生の土台になる情報は小脳に反復学習で覚えさせるのがいいのです。

カードを使った超高速楽習法はとても反復学習に向いています。日常に必要なものの名前、社会生活に必要な概念などをカードにして超高速楽習法で短時間に反復して入力することができます。子どもの年齢が小さくても、暗記項目ならば高校入試程度の学習が可能です。

子どもが守るべき日常生活のルールを自作カードにして、超高速楽習法で教えている親御さんもたくさんいらっしゃいます。そのようなお子さんはすぐに覚えて、実行できるようになっています。

親がかける暗示の言葉も効果的

くり返しになりますが、子どもの言葉の発達を促すには、親御さんの言葉かけが非常に大切ですし、できたときにはダイナミックにほめることも大切です。同じく、子どもがリラックスしているときに暗示の言葉をかけることも効果的です。

暗示で大切なのは、子どもの可能性を信じる言葉をかけてあげることです。たとえば、身に付けてほしい能力があるなら、次のようにできるだけ具体的な言葉にして話しかけてみてください。

「がまんできるね」

「思いやりがあるね」
「勇気があるね」
「お友達におもちゃを貸してあげられるね」
「ひとりでトイレへ行って用が足せるね」
「家に帰ってきたら手を洗えるね」
「スキップができるね」
「最後までやりとげる力があるね」

できるだけ明るい声色で、笑顔で行なってみてください。

子どもの血流が良く、リラックスしている状態のときはストレスが少なく、入力しやすいチャンスです。左の耳にやさしく話しかけてインプットすると右脳が活性化されてスムーズに入っていきます。

もう一つ、話しかける言葉を親自身が心から信じて笑顔でやさしく話しかけることも大切です。

4章

どんな子も言葉の力が伸びる
発語・発音プログラム

右脳と左脳が連動しないと言葉が出にくい

ここで、脳は右脳と左脳で役割が異なることについて、もう少しくわしく見ておきたいと思います。

大まかに言うと、右脳は主に感情や情緒に関する機能、左脳は論理や理性に関する機能を担っているとされています。また、右脳は感覚の脳、左脳は言語の脳といわれることもあります。

子どもの脳は小さいときほど右脳優先になっているとお話ししましたが、実際にはどのように右脳と左脳は発達していくのでしょうか。

論理や理性といった左脳がまだ未発達で、感情や情緒に関する右脳の機能を積極的に使っている段階では、五感からの刺激を処理することが中心になっています。

その状態から左脳の成長とともに、論理や理性が身についていきます。たとえば、乳幼児は我慢ができませんが、だんだん我慢ができるようになるのは、左脳の機能も使えるようになり、感情や情緒と、論理や理性の両方を備えるようになってくるからです。それにともなって、言葉の発達も進みます。

ところが、こうした脳の発達のし方は、子どもによって特性があります。たとえば、発達障害のあるお子さんは一般的に五感に対する感覚が鋭く、左脳に対して右脳優位の状態が強いと考えられます。そのために、言葉が出てくるのが遅くなっているのです。

大人でも「物音に敏感な人」「臭いの刺激に弱い人」「触覚を重視する人」など五感に対する感覚の鋭さは人それぞれです。たとえば、聴力が鋭い人は、ほかの人よりも、嫌な音から受けるストレスが大きくなります。そして、イライラしたり、集中力が削がれたりするはずです。あるいは、においに過敏な人は嫌なにおいに、触覚が敏感な人は嫌な感触に、他の人よりも大きなストレスを感じます。

ストレスが大きいと、物事をじっくり考えたりできずそわそわしますし、人によっては落ち着きのない行動に出てしまうかもしれません。五感の刺激に敏感で右脳優位の傾向が強い子どもは、ちょうどこんな状態なのです。すぐにストレスにさらされてしまいますし、その状態で左脳を使うことがとても苦手です。意味のある言葉は左脳的な処理が必要ですから、言葉が出るのが遅れるのです。

言葉の遅い子どもの多くが、我慢が苦手だったり、言葉で不快感や違和感、恐怖などの感情を伝えたりするのが苦手だったりするのもこうした理由からです。

こうしたメカニズムがわかれば、対処方法もわかってきます。ストレスで右脳が極端に働きすぎないようにする、あるいは右脳が快いと感じる刺激を積極的に与えるようにする。こうすると、左脳の機能を使いやすくなりますし、言葉も出やすくなります。

右脳に刺激を与えていると左脳が連動して言葉が出やすくなる

ですから、言葉が遅い子どもには、右脳を上手に使って言葉を教えてあげることが必要になってきます。そのために、まず、子どもが生まれてきてから五感で感じる刺激について考えてみましょう。

赤ちゃんは生まれるとまず、お母さんに抱っこされ、お乳を飲ませてもらい、お母さんやお父さんなどに優しい声をかけられます。生まれてすぐは、目はまだよく見えませんが、「古い脳」と呼ばれている原始的な感覚である触覚や聴覚、嗅覚はすぐに活発に働きますし、やがて味覚や視覚も働くようになります。

お母さんの体温や声、においという刺激は、赤ちゃんが胎内にいるときから受けている刺激です。ですから、子どもにとっていちばん馴染みのある刺激です。それが触覚や聴覚、嗅覚から入ってきて脳を刺激することで右脳は発達していきます。刺激の種類はだんだん増えていき、複雑になっていきますが、それとともに脳も成長していきます。

このように、子どもが最初に感じる「快い刺激」は、お母さんからもたらされるものです。そのお母さんからギュッと抱きしめられ、声をかけられることが、右脳にとっていちばんストレスの少ない快い刺激なのです。

ですから、とくに言葉が遅い子どもの言葉が出るまでは、お母さんがよりたっぷりと右脳から快い刺激をインプットしてください。お母さんがいつも笑顔で話しかける、少し高めの声でやさしく語りかける、できるだけ肌に触れるなど右脳にたっぷりと刺激を与えていると、しだいに左脳が連動して言葉が出やすくなるでしょう。

子どもが興味を持つ擬音やオノマトペを活用する

これまでさまざまな言葉かけをしてきたのに、子どもの言葉がうまく出てこないのはなぜかという相談を受けることがあります。それは、一言で言えば、子どもの興味がお母さんの言葉から逸れてしまっているためです。

プロローグで、子どもの周波数に合わせた教育が必要だとお話ししましたが、子どもは自分の脳の周波数に合わないと興味が逸れてしまいます。お母さんの言葉であっても、周波数が合わない状態が続くと、ストレスを感じてしまいます。

たとえば、「カードを使って教えてみようと思って、子どもにカードを見せながら読みあげても、すぐ飽きて他のことに興味が移ってしまいます。どうしたらいいですか」というご相談を受けることがあります。たいていは、子どもにとってカードのスピードがゆっくりすぎるので、周波数が合わないのだと思います。

子どもと目線を合わせて、カードをめくりながら読み上げる速さをどんどんスピードアップしていくと、あるところで子どもの目線がカードに集中し、周波数が合うのがわかります。

スピードのほかにも、子どもと周波数を合わせるために、メロディに合わせた読み上げや、オノマトペ（擬音語、擬声語、擬態語）を利用する方法もあります。言語野は耳からの刺激を受けやすいので、こうした工夫を盛り込むと、子どもの脳に入っていきやすくなります。

たとえば絵本を読み聞かせるときに、節をつけて歌いながら読み上げてみたり、本文にはないオノマトペを加えて読み上げたりしてみましょう。子どもが桃太郎の昔話に引き寄せられるのは「どんぶらこ、どんぶらこ」というオノマトペが楽しいからです。それを、読んでいる絵本に取り入れて読んであげてもいいでしょう。

絵本を読みはじめても途中で飽きてしまうことがあるかもしれません。そんなときは、本を開く前に「どんなお話かな～?」と、登場人物に関心が湧くような話をしておきます。そして、読んでいるうちにその登場人物が現われたら、本文になくても擬音をつけて、読んであげます。

桃太郎ならば、こんな感じです。おじいさんが山へ行く場面や、おばあさんが川へ行く場面で「とっとっと」「すたすたすた」「よいしょ、よいしょ」などと足音を真似した擬音をつけたり、掛け声などを入れたりします。そうしてオノマトペを言うだけで、楽しくなって笑いだす子もいます。

日常生活の場面でも、擬音をつけて言葉かけをしてみましょう。

「蛇口をキュッとひねって、水をジャージャー出してね」

「石鹸をブクブクっとあわ立てて、おててをゴシゴシ洗ってね」

といったふうに擬音を交えるだけで、子どもの右脳に刺激が伝わり、左脳が連動して言葉に結びつきやすくなります。

まったく言葉が出ない子には声を出すところから

まったく言葉が出ないお子さんには、声を出すところからはじめましょう。楽しいと声が出やすくなりますので、親子でくすぐりっこをして「キャッキャッ」などと声を出させるのはとても良い方法です。楽しいときに声が出るようになってくると、笑い声などもしだいに出てくるようになります。

大人はあまりにも自然にやってしまっているためなかなか気づきませんが、子どもがしゃべられるようになるためには、口の周りの筋肉を鍛えることも必要です。口の周りや耳の下、あごなどをマッサージしたり、スプーンについた食べ物を舌で舐めとったりすることも、筋肉を鍛えることにつながります。乳歯が生え揃っているのなら、歯ごたえのあるスルメや昆布を噛みしめるなどの訓練も入れましょう。

音が出てくるようになったら、後述する「発語ノート」を使って、子どもが発音しやすい音を含む言葉を優先的に教えることも効果的です。このときは、教えたい言葉をお母さんがお手本で言ってみせてから、その言葉の音を子どもが真似て声で出せるようにします。

ここで注意が必要なのは、子どもが言葉を発したときに正しく言えていなくても「ちがうよ」「それじゃだめ」などと言わないことです。子どもが言ったままを受け止めて、ほめてあげましょう。それから、お母さんが正しく言ってみせ、その後からくり返して言わせてみます。このときも、一音でも出たら、ほめてあげましょう。

ほめられれば、子どもは喜んでくり返すようになります。すぐに正しい言葉が出なくても、お母さんと子どもがふれ合いながら遊び歌を歌ったり、電話ごっこなどで言葉を使う遊びをしたりするのもよいでしょう。

発語が不完全でもほめてあげる

言葉を教えるために使うカードを、親御さんが高速でめくりながら読むと子どもが集中しますが、さらにカードと実物を用意して教える方法もあります。

たとえばりんごのカードを使うとしたら、実物のりんごも用意して、

「りんごだね、一緒だね」

「りんごのカードはどれかな？」

「赤いものはどれかな？」

と遊びながら教えることもできます。

言葉の一部が言えたならば、言葉が脳の神経回路に入力されている状態ですので、全部を正しく言えなくても、

「よくできたね」

とほめてあげましょう。そうすれば、その段階では発語が不完全でも、子どもは自信をもって口にするようになります。口にする機会が増えれば、発語のための筋肉も鍛

えられますし、反復することで定着し、やがてはきちんと言えるようになります。もし間違って覚えているようなときは、「違うでしょ」などと否定をせずに、正しい言い方を子どもの言葉の後に言ってあげるとよいでしょう。

お母さんの言葉をくり返して口真似ができたら、また、たくさんほめてあげましょう。そうしていると喜んで口真似をするようになり、そのうち正しく言えるようになります。

子どもの気持ちを推し量って代弁してあげる

言葉を教えるときに難しいのが、感情などの目に見えないものを表わす言葉です。子どもであっても自分の感情をうまく伝えることができないと、大きなストレスを感じます。

とくに言葉が遅いと、そのストレスを泣いたり、暴れたり、奇声をあげたりして発散しようとします。これが「異常行動」だと思うと、お母さんは辛いし疲れますが、子ども自身もエネルギーを消耗します。その結果、ますます言葉が出なくなるという、悪循環に陥ってしまいます。

　こういうときは、子どもをハグして、

「何があったの？」

と、まず子どもに気持ちを聞いてみましょう。もちろん子どもは自分の気持ちを言葉で説明することはできませんから、

「知らない人がたくさんいて、怖くなっちゃったんだね」

「おもちゃでまだ遊んでいたかったんだね」

などと、その気持ちを推し量って代弁する言葉を言ってあげてみてください。

　そして、またそういう気持ちになったとき、どうすればよいか言葉にして教えてあげましょう。たとえば、

「知らない人がたくさんいて、驚いちゃったね。今度は、こんにちは、ってあいさつをしてみようか？　お母さんが手をつないでいるから大丈夫だよ」

「お友達もおもちゃで遊びたいんだって。今度はおもちゃを貸してあげようね」

などと教えてあげれば、子どもは少しずつ、自分の気持ちを表出する方法を覚えていきます。

言葉だけで伝えても子どもが理解しにくそうな場合は、写真や絵を使ったり、寸劇などで視覚的に伝えることも有効です。

我慢の神経回路をつくる

我慢というのは左脳による理性的な行動なので、言葉が遅いお子さんのなかには我慢が苦手な子どももいます。我慢を教えるためには、本当に我慢しなければいけないシーンで教えるのではなく、我慢の練習を事前にしておくとよいでしょう。

まず、待てば〝時期が到来する〟ということを教える必要があります。たとえば、おもちゃで遊ぶときに、

「お母さんに貸してちょうだいね」

と言っておもちゃを受け取り、5秒カウントしてから

「待っててくれたのね、がまんできたね。どうもありがとう、すごい」

と言っておもちゃを返します。

このトレーニングをくり返すと、「待つこと=我慢すること」と理解できるようにな

ります。少しずつ預かっている時間を長くしていくと、子どもの脳には、我慢するための神経回路が出来てきます。

お風呂に入ってリラックスしているときなどに

「○○ちゃんは、がまんができます」

と耳元で囁きかけて、暗示をかけてあげることも効果があります。リラックスしているときに耳から刺激が入ると、右脳でスムーズに受け入れ、左脳へと引き継ぐ回路がつくりやすくなるのです。

共感、共鳴の神経回路をつくる

「思いやり」も、社会生活には大切な共感、共鳴の能力です。まず、子ども自身が泣いていたり、わがままを言ったりしているときに

「痛くて涙が出たね」

「寂しくて泣いちゃったね」

「もっと遊びたかったたね」

と、親御さんが子どもの感情に共感、共鳴する言葉かけをするところからはじめてください。そうして子どもの気持ちに寄り添うことで、子どもの脳に共感、共鳴のための回路が出来てきます。

また、たとえば兄妹やお人形、動物を撫でるときなどに、「やさしくなでようね」と子どもに言葉をかけてあげたり、絵本を読み聞かせているときやテレビを見ているとき、ごっこ遊びをしているときに途中で、

「桃太郎はどういう気持ちだろうね」

「赤ちゃんはお腹がすいて泣いているね」

などと、子どもが登場人物の感情を想像できる言葉をかけてあげたりするのもよいでしょう。

発達検査表を使った発語トレーニング

ＥＥＳＡでは、独自の発達検査表を使用して、子どもの発達を促す家庭教育を行なっています。

この発達検査表は、「社会面」「言語面」「知覚面」「身体面」の4分野に分かれていて、専門家ではない方も理解できるように日常の用語で表示しています。お子さんの発達状況がチェックできるとともに、子どもの発達をさらに促すにはどこを伸ばせばいいのかもわかり、希望をもって子どもへの働きかけを続けられます。

受講している親御さんに対しては、それぞれの項目について具体的なアドバイスも行なっています。

本書のテーマは「子どもの言葉」ですので、ここでは、発達検査表のうち言語面の項目を一覧にまとめました。

すでに何度かお話ししているとおり、子どもの脳には発達特性があるので、一人ひとりの子どもをよく観察しながら、小さなステップを地道に積み重ねていくこと、そのスピードを上げていくことがたいへん重要です。

そのために、この発達検査表も、できるだけ小さなステップに分解されています。その一つ一つを丁寧に行なっていくことで、子どもの脳の発達特性に合わせて言葉の能力も確実に伸ばしていくことができるようになっています。

ですから、各項目について「これもできない」「あれもできない」と思うのは本末転倒です。×を付ける必要はありません。△（できかけている、あるいは何度かに一度はできる）がつけられる項目を見つけては取り組み、△の項目が○になるところまで伸ばしていってください。

なお、この検査表の詳細な使い方や、「言語面」以外の分野（「社会面」「知覚面」「身体面」）について気になる方は、拙著『発達障害を改善するメカニズムがわかった！』『まちがいだらけの子育て　脳の「発達特性」に合わせるだけでどんな子もグーンと伸びる』（ともにコスモ21刊）を参照してみてください。

お子様氏名
生年月日　　年　月　日
記入者
記入日　　年　月　日

△印	○印	言語面の検査項目１
		大きな声で元気に泣く
		状況によっていろいろな泣き方をする(空腹時など)
		母親の声を聞き分ける
		かん高い声を出すことがある
		親しい人の声を聞き分けられる
		「いないいないばぁ」に反応して喜ぶ
		音楽を聴かせると喜ぶ
		人の言葉を真似しようとする
		怒る、楽しいなどの感情を声で表現する
		「こっちに来て」と話しかけると反応する
		「～はどこ？」と聞くと、物がある方を見る
		「パパ」や「ママ」など意味のある言葉をひとつ言う
		興味があると「アー」と言って意思表示する
		「パパ」「ママ」以外に意味のある言葉を３語くらい発する
		「ちょうだい」と話しかけると渡してくれる
		本を読んでもらいたがる
		「一つ」や「たくさん」などの量の区別ができる
		耳・目・口の区別ができる
		自分の名前を呼ばれると「ハイ」と言う
		「りんご」「キリン」など親の言葉を真似ることがある
		身体の部位名を５つ以上言える(目、手、足など)
		２語文を話せる(「ワンワン、行った」など)
		「もう一つ」の意味がわかる
		したくないことは「イヤ」と言える

△印	○印	言語面の検査項目２
		一人でも絵本を楽しんで見ている
		絵本に出てくるものの名前を指さして言う
		動作を表わす言葉が理解できる(歩く、振る、持つなど)
		鼻、髪、歯、舌、へそなどの区別ができる(３つ以上)
		頼まれたことを理解して行える(机の上の本を持って来てなど)
		「きれいね」「美味しいね」などと感情表現ができる
		大人との会話ができる
		食前・食後の挨拶ができる
		親切にしてもらうと「ありがとう」と言える
		「〜だから」と因果関係を使って話ができる
		友達の名前を１人〜２人言える
		親しい人と電話で話すことができる
		「昨日」「明日」の意味が理解できている
		何に使うものか？　品物の用途を３つ以上言える
		１〜50までの数唱ができる
		指示されたことを3つ以上実行できる(「戸を開けて、皿を出して…」など)
		見たことを順序よく話せる(家から花屋さんを通ってスーパーへ行った、など)
		簡単な問いに正しく答えられる(「お父さんの車の色は？」など)
		１〜20の数字が読める
		反対語が５つ以上理解できる
		20までの数字で、一つ前の数字が言える
		生活体験を話せる(「動物園で象を見た」など)
		間違った文の誤りがわかる(「チューリップは食べ物です」)
		しりとり遊びができる(２人で５つ以上)

△印	○印	言語面の検査項目３
		幼稚園や保育所の先生の名前が一人以上言える
		「ピョンピョン」「てくてく」といった擬態語を正しく使える
		品物の名と用途を10個以上言える（掃除機、時計、茶碗など）
		家族全員の名前を言える
		やさしいなぞなぞ遊びができる（冷たくて白いものなあに？）
		童謡を３曲以上きちんと歌える
		反対語が10以上わかる
		自分の家の住所をきちんと言える
		複数の助数詞を使い分けられる（○個、○枚、○匹など）
		身体の細かい部位まで10個以上言える（睫毛、まぶたなど）
		幼児語をほとんど使わずに話せる
		０から５まで数字と物の数の対応を理解できる
		ひらがながほぼ読める
		「～するもの教えて」と聞くと、3つ以上答えられる（書くもの、着るものなど）
		文の復唱が正しくできる（僕の顔には目が二つ、鼻が一つなど）
		カルタ取りができる（できれば読み手も）
		1～100までの数唱ができる
		自分の誕生日（生年月日）・年齢を言える
		鳥、果物の名前を５種類以上言える
		20→１までの数唱（逆唱）ができる
		今日は何年・何月・何日・何曜日が言える
		物語本のストーリーが理解できる（昔話、童話など）
		１分間に言葉（単語）を20以上言える
		わからないことがあると辞書や図鑑で調べられる

発語ノートをつけて伸ばそう

言語面での成長を把握するためには「発語ノート」を作って記録することが非常に有効であるとお話ししましたが、このノートを記録すると、お子さんががどんなことを理解しているのか、何に関心があるのかなどの傾向が明確になります。

発語ノートは、アイウエオ順に子どもが発した言葉を記録していくだけで構いません。ノートが1冊あれば今すぐはじめられますし、パソコンやスマホが得意なお母さんなら、エクセルなどのアプリに入力して、傾向を分析するのも良いでしょう。

お母さんが気づいた子どもの発語をお父さんに報告し、お父さんが記録するというのも良い方法です。夫婦のコミュニケーションにもなりますし、両親が揃って子どもを褒めるきっかけにもなります。

5章

親の脳タイプがわかると子どもの成長が変わる

まずは親御さん自身を知ることから

本書ではたびたび右脳と左脳という言葉が登場しますが、一般的には、左脳は、読み書きなどの言語機能や、計算、会話、論理的思考に関わる機能を持っていることが知られています。これは、もう少しイメージ的な言葉で表現すると、時間に関する機能なのです。

会話や論理的思考、計算などは順序立てて考えることですから、時間の流れを把握することが必要なのです。また、過去の手順を復習したり、未来に起こり得ることを予想したりといった思考も、時間に関する働きです。

一方、右脳はというと、今の瞬間における周囲の空間に対応する機能になります。五感というのは、今の瞬間の刺激です。感情というのも、今の瞬間を捉えたものです。

ですからたとえば、物事に集中して行動したり、人の表情を見てどのような感情なのか（つまり怒っているのか喜んでいるのか、など）を気付いたりするのは、右脳の働き、空間に関する働きです。

この左右の脳の異なる機能をうまく連携させることで人間として自立していくことができるようになります。たとえると、右脳と左脳の連携とは一枚の写真だけではその瞬間の様子しか記録できなくても、そこに言葉による説明がつけば、写真の瞬間の前後のことも合わせて記録できるようなものです。

この右脳と左脳は脳梁という2億〜3億本からなる神経繊維の束でつながっていて、そのおかげで右脳と左脳を連携させることができます。そして、この束が太ければ太いほど右脳と左脳の連携はよくなりますが、細いと五感から得た刺激（情報）を、右脳から左脳へうまく受け渡して思考するのが苦手になってきます。

では、このような右脳と左脳の働きを活用して、家庭教育で子どもの言葉を伸ばすには、どのようなことをすればよいでしょうか。

篠浦伸禎先生が、長年、「覚醒下手術」を行なってきたご経験により、左右の脳の機能が明らかに違っているとの確信を得られたことは、すでにお話ししました。さらに、人によって脳の使い方が左右どちらかに傾いている、つまり人は左脳型か右脳型に分けられること、さらに情報の処理能力によって、コミュニケーションや思考の特色が大きく4つのパターン（脳タイプ）に分けられることを明らかにされています。

この脳タイプを知ることは、自分自身を冷静に理解する助けになるとともに人間関係のあり方を知る目安にもなります。お母さんやお父さんが自分の脳タイプを知ると、子どもとの関係づくりがずっと楽にできるようになるのです。

脳タイプ診断のチェック方法

篠浦伸禎先生が発案された脳タイプ診断は、脳の情報処理の仕方の違いによって「右脳二次元」「右脳三次元」「左脳二次元」「左脳三次元」の4つに分類されています。自分と相手の脳タイプを知ることで人間関係の悩みを解決するヒントを得ることができるのです。

とくに親御さんがご自分の脳タイプを知ると、お子さんとどのように向き合うのがいいのかが見えてきます。

具体的な内容は、既刊の『発達障害を改善するメカニズムがわかった！』でお話ししていますし、さらに詳しいことを知るには、篠浦先生のご著書『現場から始まる医

療革命　統合医療の真実』をご参照いただければと思います。

ここでは、簡易版ですが、読者の皆さんに自分の脳タイプを知るための診断テストを試してもらいましょう。次の説明に従って、各脳タイプの項目に点数を記入し、自分がどのタイプの特徴をもっているのか確認してみてください。

また、脳タイプは一人一種類に限られているわけではないので、一人の人が、右脳のタイプと左脳のタイプの双方の特徴を持っている場合もしばしば見られます。

「左脳3次元」「左脳2次元」「右脳3次元」「右脳2次元」のそれぞれにある項目を見ながら、当てはまるものは2点、どちらでもないものは1点、当てはまらないものは0点で採点する。ひと通り採点したら、各タイプの点数を合計する。そのなかで合計点数がもっとも高いものが、あなたの脳タイプに該当する。

合計点数が同じになった場合は、2つのタイプの特徴を備えているということになる。また、点数が1点差など僅差の場合も同じ。点数が多いほうのタイプの特徴を強く持っているが、もうひとつのタイプの特徴も持っていることになる。

【左脳3次元】

・冷静に理路整然と話をするほうだ。（　）
・チームの責任者に向いていると思う。（　）
・いわゆる根回しのような活動は苦手だ。（　）
・自分は大器晩成型だと思う。（　）
・即断即決を求められるとストレスを感じる。（　）
・自分が無駄だと思うことは絶対にしたくない。（　）
・自分の実績を数値化することが自信につながる。（　）
・自分の感情は表に出したくない。（　）
・一人で本を読んだり考えたりすることが好きだ。（　）
・宴会で自分の席から動くことは普通はしない。（　）

合計	点

【左脳2次元】

・強く信じている主義や信念がある。（　）
・規則には忠実に行動したい。（　）
・「君の言うことは正論だが」とよく言われる。（　）
・「怒り」の感情が原動力になることがある。（　）
・ルールや原理原則を守っていると安心感がある。（　）
・小さなことでも気にかかることが多い。（　）
・自分の考え方を他人に当てはめて責めてしまうことがある。（　）
・普段は物静かだが、追い込まれると激情に駆られることがある。（　）
・自分が予測できない事態になるとひどく不安になる。（　）
・喋り方に抑揚がなく声が小さい。（　）

合計　　点

【右脳3次元】

・常にテンションが高く、声が大きいほうだ。（　）
・エネルギッシュだと言われる。（　）
・人を説得するのは得意である。（　）
・交友関係は広いほうだ。（　）
・何か挑戦するものがあるとエネルギーが出る。（　）
・成功して有名になり、周囲の注目を浴びたい。（　）
・政治的に動くのは得意だ。（　）
・過去の失敗は大抵忘れて、成功例しか思い出せない。（　）
・人と違うことをやりたいといつも思っている。（　）
・楽しいことが人一倍好きだ。（　）

合計　　点

【右脳2次元】

・世話好きで困っている人を放っておけない。（　）
・大きな団体よりも小グループのほうが落ち着く。（　）
・人に感謝される仕事をしたい。（　）
・白黒をはっきりつけるのが苦手だ。（　）
・仁義や筋を通すことが重要だと思っている。（　）
・人に会うとまず喜ばせたいと思う。（　）
・自分のことは後回しになることが多い。（　）
・自分の関わった人や教え子・部下が育つことほど嬉しいことはない。（　）
・人間関係が重荷に感じることがある。（　）
・過去を思い出すと悲しいことがたくさんあったと感じる。（　）

合計　　点

脳タイプ診断の結果を理解する

脳タイプ診断の結果はいかがでしたか？　結果に基づくポイントをご紹介しましょう。ただし、いずれの脳タイプであっても大切なのは、子どもが社会に出るまでの長期的な視点で接することです。

●「左脳3次元」

は物事を俯瞰し、その本質を掴もうとする特性があります。そのため、本質を見るスピードや、考え方の変化が早いという特長もあります。目的・目標が明確で、結論から考えはじめます。

合理性にこだわるタイプで、情動的な関わりは苦手です。

本質に興味があるので、子どもの言葉が遅いのはなぜか、その本質を知ったうえでどう解決すれば良いかを考えます。

心底納得すればその本質を元に合理的に動こうとするタイプなので、その特徴を活かすためには、まずこの本を納得するまで何度も読んでみてください。脳科学的な根拠が納得できると、意欲的に取り組めるようになります。

お子さんと接するときは、発達検査表を用いて、日々のチェックをきちんと記録し、その背景にある本質を考えるようにすると、次にすべきことが明確になります。いろんな人と議論することもプラスになります。議論を通じて、愛情の本質に気づくと、子どもへの接し方も変わってくるでしょう。

●「左脳2次元」

は、ある物事にのめり込んで深く執着し研究するタイプで、原理原則にこだわります。物事や考えを整理整頓することを得意とします。

子どもの教育がうまくいかないと、自分が理想とする姿と比較して違いを細かく分析して直していこうとします。

細かなシステムを構築したり、守ったりすることが得意ですので、発達検査表で細かな項目をチェックしながら、発達状況を数値化していく方法は適しているはずです。ＥＥＳＡメソッドの実行に向いているタイプかもしれません。

ただし、完璧を求めてしまいがちなので、7〜8割を目指すくらいの気持ちで、肩の力を抜いて取り組みましょう。うまくいかないときや、少し疲れたときには、自分も子どもも気分を緩めるようにして、根を詰めないようにリズムよくやっていきましょう。会うとほっとできる友人も大きな助けになります。

●「右脳3次元」は、広い空間を自由に早く動き回ることに喜びを感じ、空間を拡張したがり、楽しいことや刺激を求める傾向があります。思考と発言が同時で、周囲を巻き込む力も強く、常に自由で広い世界に飛び出て、いろいろなところで人間関係を育みたいと思うタイプです。

子どもの教育がうまくいかないと、そこから抜け出して羽を伸ばしたいと感じるかもしれません。自由に動けるというのが、価値観のポイントになります。

エネルギッシュに行動することが得意なので、決められたことを守るのは少し苦手かもしれませんが、一定のメソッドに沿った形で、自分の創意工夫を加えて取り組んでいけば、楽しく実行できるはずです。そして、自分の情熱や行動力を子どもに伝えてください。

時間と余裕があれば、子どもと一緒に自然の中で遊ぶのも良い方法です。自然の懐に入ることで、子どもの脳の回路が癒されていき、良い方向に進めるはずです。

●「右脳2次元」

は、接する相手に愛情を注ぎ、トコトン尽くします。相手に合わせすぎて主体性を失いがちになることも多いでしょう。身近に接する人たちと濃い人間関係を作るタイプです。子どもの言葉が遅いのは自分の育て方がよくないからだと自分を責めてしまい、子どもの要望に先回りして尽くすことで愛情をかけようとするかもしれません。

相手のことを思いやる心が強いので、子どもの魂とのふれ合いは自然にできるタイプです。発達検査表にしたがって厳密に行なうのは苦手かもしれませんが、仲間を作り一緒に取り組むことで、励まされ、学ぶことができます。

自分の世界が狭くなりがちなので、左脳型の友人から学ぶことも良い方法です。そうすることで、現場に強いという自分の能力の幅がさらに広がり、子どもの細かな変化にまで対応できるようになります。

少し複雑になりますが、脳タイプの「次元」についても説明しておきましょう。これは、脳が情報処理を行なう際の処理の段階の違いに基づく分け方です。

人間の脳のメカニズムでは、たとえば、目から見た情報は右脳が処理します。見たままの情報は後頭葉に入り、これがすべての大もとになる情報となりますので、この

【脳タイプの関係性】

相手＼自分	左脳2次元	左脳3次元	右脳2次元	右脳3次元
右脳2次元	× 頑固な左脳2次元と相手をいつも立てる右脳2次元は理解不能な関係になりがち。相手の重要性を理解すれば、尊重しあえるはず	◎ 孤独になりがちな左脳3次元と情が深い右脳2次元はいい関係。右脳2次元を大切に扱うことで居心地がよくなり、より関係が深くなる	○ 同じタイプなので居心地はいいが、優柔不断で厳しい局面には弱い。厳しい決断ができるようにすると進歩した関係を築ける	○ 右脳2次元のことを振り回しがちだが、右脳2次元の価値の高さを理解し、相手を尊重して学べば、大きな財産になる
右脳3次元	△ 狭い範囲にこだわる左脳2次元と、エネルギッシュな右脳3次元は同じ方向に向かっていけば強力なパワーを発揮	× 本質を追究する左脳3次元と勢いで広がっていきたい右脳3次元は水と油の関係。相手の特徴を理解して尊重することが大事	△ 右脳3次元が本質的なことに向かうよう導くことでお互いにいい方向に向かう。最初から深入りすると振り回されるので注意	○ お互いエネルギッシュ。いいライバルでもあり、尊敬しあえる関係になる
左脳2次元	○ 自分の中にこだわりがあっても、お互い目指す方向は同じなので、うまくやっていくことができる	△ 左脳2次元のこだわりを否定せず、広い心で接し、そのこだわりの中に自分にとってプラスになるものを見つけ、共にのばす努力が必要	× 左脳2次元のことが感覚的に理解困難。時間をかけ、根気よくサポートしてあげることでいい関係を築けるようになる	△ 左脳2次元のこだわりが理解できないが、方向性が一致すれば強い力を発揮する関係になる。相手を理解することが必要
左脳3次元	△ 左脳2次元から見た左脳3次元はいい加減に映りやすいが、左脳3次元を助け、左脳3次元が考える本質的な方向を共に目指せば競争力の強い集団がつくれる	◎ お互い幅広い知識を持ち、分析に優れてる。物事を決断する相談相手にはうってつけ	◎ 大きな壁にぶつかりやすい左脳3次元を必死に支えてあげ、本質を見る視点を教えてあげるとさらに強い信頼関係が築ける	× 左脳3次元の要領の悪さが気になり、理解できないところがあるが、同じ目標を持ってそれぞれの得意な役割を果たせば、お互いの存在が力になる

処理は「右脳の1次元」です。

次に、後頭葉に集まった情報は、側頭葉の内側に記憶として蓄積します。このときに、扁桃体によって、記憶に情動を付け加える作用が行なわれます。人間関係でたとえると、「Aさん」に会ったとき、Aさんの外見の情報に加えて、「好き」「嫌い」「感じの良い人」などの情動が加わるということです。こうした脳の処理を「右脳の2次元」と定義しています。

さらに、2次元で処理された情報は、前頭葉や頭頂葉に集められて、情報全体の中での優先順位をつけながら処理されていきます。

先ほどの「Aさん」の他に「Bさん」「Cさん」がいた場合、人間関係の深さや、仕事上の関わりの重要度、そしてもちろん好き・嫌いなどの感情面などを総合的に考えて、脳のスペースや考える時間の長さなどをそれぞれの人のためにどれだけ費やすか、といったことを相対的に考えていくわけです。この段階の脳の情報処理を「右脳の3次元」と定義します。

脳に入る情報は、視覚などの五感による直観的なものだけではなく、言葉による情報もあります。これは左脳が処理します。

たとえば名前や年齢、職業などの言葉は、後頭葉に入った後、詳しい情報となって記憶されます（左脳の2次元）。そして、それらが他の情報と合わさって処理されることで、思考へと変わります（左脳の3次元）。

親の脳タイプに応じた子どもへの対応

すでに解説してきたように、左脳型の性格は、いわば「理性の脳」を使うタイプです。特色としては、人や物の境界をはっきりさせることに快感を覚えます。個人と個人の境界が明確で、自己主張も強く、攻撃的な傾向も見られます。

一方、右脳型の性格は「関係性の脳」を使うタイプです。人や物の境界をできるだけなくすことを心地よいと感じます。全体の調和を重視する反面、何か問題が起こると逃避的な傾向を示します。日本人には右脳型の人が比較的多いともいえるかもしれません。

ただし、本書の読者は、まず本を読み、理性的にも理解して子育ての解決法を得ることが向いている「左脳型」の親御さんが多いのではないかとも推察しています。

とくに左脳型のお母さんは、一つ一つのことをきちんと遂行する、まじめで賢い人が多いようです。そのため、電車の中で子どもが騒ぎ出したりすると、我慢させたり、じっとさせたりしようとしますが、子どもがおとなしくなってくれないと、周囲に謝ったり、「迷惑をかけてしまう、どうしよう」と辛そうにしてしまうような方もいらっしゃるのではないかと思います。

一方、右脳型のお母さんは、子どもの背中や頬を撫でたり、よしよししたりと、スキンシップで解決する傾向があります。そして、それでもおさまらないようなら、非常に現実的な一面を持っていますので、電車を降りてしまいます。

こうした対応の違いを、「性格だから仕方ない」と考えている親御さんは多いかもしれません。しかし、実際には、脳の使い方の違いによって、対応の仕方やストレス要因の違いが生じているのです。

人は、右脳も左脳も両方持っています。ですから、脳タイプで左脳が強く働いていると判定されても、それは脳の使いやすさの癖のようなものです。意識してやり方を少し変えることで右脳もうまく使えるようになるので、左脳型のお母さんは、右脳型のお母さんの対応の仕方を取り入れると楽になることが多いようです。

とくに左脳型のお母さんは、一度理解して納得すると、積極的に吸収して自分のやり方に取り入れることに優れていると思います。

子どものほうは、一定の年頃までは右脳が優位に働きます。ですから、一部の例外を除いてほとんどの子どもは右脳型なので、親御さんとしては右脳型の人に対するコミュニケーションを取り入れると、うまくいきやすいでしょう。

たとえば、五感やオノマトペ（「パシャパシャ」「シャキッ」などの擬音語や擬声語）を多用した話し方をすると、子どもの脳にはスッと入りやすいのです。

左脳型のお母さんは、どうしても言葉で伝えがちです。ところが、右脳優位の段階にある子どもほど、なかなか言葉の意味はスムーズに入っていきません。このようなとき、お母さんはがっかりしてしまいがちですが、いつも自分がしないような右脳型の話し方を取り入れるだけで、お子さんの反応がグッと変わることでしょう。

このように、親御さんが自分の脳のタイプを知っておくと、お子さんとのコミュニケーションが変わってくることはよくあることです。

注意してほしいのは、脳タイプはあくまでも「脳の使い方の癖」であって、どちらかに甲乙をつけられるものではありません。また、お子さんが幼いために今は右脳型であっても、成長に応じて左脳型へ変化することもあるでしょう。

本書をお読みになったお母さん、お父さんには、ぜひ、自分の脳タイプを知り、その特性を自分の武器（強み）としていただきたいと思います。

そうすることによって幼い段階ではお子さんの安心感につながり、お子さんを守ることになります。成長すれば、言葉を中心にしたより良いコミュニケーションを確立するために役立つことでしょう。

6章 子どもを伸ばす親の心得

他の子どもと比べない

この章では、子どもの発達を促す家庭教育を実践するにあたって役立つ親の心得について説明します。これまでの章とくり返しになる部分もありますが、改善スピードがグンとアップしますので、ぜひ参考にしてください。

くり返しお話ししてきたことですが、子どもの脳はそれぞれ発達特性をもっているので、発達の仕方も一様ではなく、それぞれの特性に応じた発達過程を経て成長します。

とくに子育てが初めてのお母さんは、経験がまったくないために他の子どもの発達の様子を参照したいと考えるかもしれません。そのお気持はたいへんよくわかります。しかし、わが子と他の子どもを比べることは、絶対にやってはいけません。親御さんが前向きな視点を持ち、前向きに考え、行動するためには、他の子どもとの比較はマイナスにしか働きません。けっして子どもの貴重な時間を無駄にしないでください。

もし、子育てに不安や迷いを感じたときは、周囲の子どもと比べるのではなく、何よりわが子の現在と未来を見るようにしましょう。それには、まず、お母さん、お父さんの目線を上向きにしてください。それは、体の話だけでなく、実際の行動にも反映されます。

本書では、子どもに我慢を教えるために「楽しく待つ」という暗示をかけることをおすすめしました。じつは、これは親御さん自身にも有効なのです。

今はうまくいかなくて、くじけそうになることがあるかもしれませんが、その時間は子どもの成長を楽しく待つ時間でもあるのです。わが子が成長したらこんなことをしたいと夢を思い描いてみましょう。そうすると、その日に向けて前向きな気持ちになりやすいですし、お子さんも親御さんの前向きな気持ちを感じてストレスが軽減されていきます。

つまり、「楽しく待つ」ことは、お子さんだけでなく、親御さん自身にも未来に向かう力を与えてくれるのです。

何があってもプラスマインドで子どもと向き合う

プラスマインドで子どもと向き合うことは、わが子の成長をわずかな疑いもなく信じることでもあります。現状を把握して受け入れることは必要ですが、子どもの可能性を信じて向き合うことはもっと大切です。

言葉に限らず、なんらかの遅れのある子どもは、「他の子どもは皆できるのに、自分だけができない」という経験をすることがあります。そのために失敗したり、怒られたりすると、いつも不安にかられて自信を身につけにくいのです。

自信が身についていないと、常に不安というストレスにさらされます。ストレスによって脳が混乱すると、自己コントロールができなくなり、結果的に問題行動を起こしてしまうという悪循環につながります。ですから、子どもの成長のためには、自信を身につけさせることがとても大切なのです。

子どもがほんの少しでも何かができるようになるたびに、親御さんがプラスマインドで「もうじきできるね！」「できるようになってきたよ！」「ついにできるようになったね！」とほめていると、子どもは少しずつ自信を身につけていきます。自信が芽生えると、ストレスが軽減されるので、成功する確率もどんどん上がります。成功する体験で、ますます自信が身につくという好循環が生まれるのです。

目が笑っている笑顔で

こうした前向きな心やプラスマインドを子どもに伝えるいちばんの武器がお母さんの笑顔です。それは、〝目元まで笑っている心からの笑顔〟です。

お母さんの笑顔は、子どもにとってもっとも大切なものだといっても過言ではありません。それが子どもの自信を育て、やがて子どもが自立するための心の栄養になるからです。

子どもは言葉の意味よりも、親の表情に敏感に反応します。ですから、たとえ言葉の上ではほめていても笑顔が伴わなければ、「お母さんは喜んでいない」と子どもは受け取ってしまいます。

子どもがほんの小さな一歩でも前進したら、お母さん、お父さんは笑顔で、最大限の喜びを声にも態度にも表わして、子どもをほめてあげましょう。それこそが、子どもの自信につながります。親御さんの言うこともしっかり聞けるようになります。反対に、敏感な子どもほど絶対に怒ってはいけません。怒るということは、親御さんの感情処理のためともいえます。それでは、子どもは強いストレスを感じます。これが脳内に闘争ホルモンのアドレナリンを分泌させることになります。学習どころではなくなりますし、脳内にトラブルを発生させる原因ともなってしまいます。

親御さん自身が興奮して感情的になってしまいそうなときは、何かを言う前に、まず深呼吸をしましょう。肺に新鮮な空気が送り込まれ、血中の酸素濃度が上がり、心拍数が下がり、心臓の負担も軽減されます。興奮も冷めてきます。また、一呼吸している間に言うべきことをもう一度チェックできるので、後で「言わなければよかった」と思うような無駄なことを言わなくて済みます。

もしも笑顔にいまひとつ自信がないときは、「あなたはいい子ね」と3度くり返し言いながら、10秒間ほど抱きしめるのもよい方法です。お母さんの体温が伝わると、子どもは不安や孤独から解放されて安心します。

10秒という時間は、短すぎずに「しっかりダッコしてもらった」と感じられる時間です。慣れていないと最初は子どもが嫌がることもありますが、逃げてしまっても辛抱強く抱きしめてあげてください。そのうち素直に受け入れるようになるでしょう。

就寝時にお母さんと同じ布団で寝るのも、お母さんの体温を感じられるという点で、とてもよい方法です。

膝をついて子どもの目線に合わせ徹底的に観察する

お子さんとのコミュニケーションにおいては、周波数が合っていることが非常に重要だとお話ししましたが、実際に子どもと周波数が合っているかどうかは、お子さんの目つきを見て、目が泳いでおらず集中しているかどうかでわかります。

周波数を合わせるには、お子さんと目線を合わせるといいでしょう。そのときは、腰をかがめるだけでなく、膝をついて、物理的に子どもの目の高さで目線を合わせることが大切です。目線を合わせると、気づくことがたくさんあると思います。これが子どもを徹底的に観察することにつながり、わが子の一番の専門家になることができます。家庭だから、それが可能なのです。

反対に言えば、親御さんが子どもを徹底的に観察していなければ、家庭教育の意味がありません。もちろん一日中ずっと子どもを観察しなければならないというわけではありませんが、どこかに成長の兆しが見られないかと観察するのです。それによってわずかな成長でも見つけたら、それが確かな成長につながるように促してあげましょう。

ＥＥＳＡ独自の「発達検査表」は、そのための助けになります。各項目に注目して子どもの様子を観察すれば、さまざまな変化の兆しに気づくことができますし、子どもが小さな一歩一歩を着実に前進していることを確かに感じ取れます。

子どものプライドを傷つけない

子どもの発達を促すためには、必ず「親馬鹿」な気持ちを持ちましょう。そして、子どものプライドを傷つけるような言葉でダメ出しをしたり、厳しく教え込むことを避けましょう。今できていることをプラスマインドで評価して、さらに可能性についてもプラスマインドで伸ばすことが大切です。まだあまりできていない状態でも、親馬鹿になって発達検査表に△をつけたり、△を○にしたりしても大いに結構です。

判定基準を厳しくすると、△は付きにくくなります。当然、可能性を伸ばす取り組みの対象は少なくなります。取り組みの対象が少ないと、伸ばす機会もほめる機会も減りますから、子どもを短期間に伸ばすことが難しくなります。

自信の元となるのは成功体験です。どんなに小さな進歩でも、何かができるようになったら、大いにほめることで子どもは成功体験を得ることができます。

ここで、ほめ言葉を60語例示します。どうほめれば良いかわからないときは、これら60語をすべて読み上げても良いでしょう。ほめ言葉はワンパターンでかまいませんが、必ず笑顔で行なってください。

最初、子どもがほめ言葉にピンとこない様子ならば、これらの60語を、できるだけ高い声で、スピードアップして一息に読み上げても良いでしょう。息が切れて、読み上げているほうは気絶しそうになりますが、音の刺激を子どもの右脳に届けることができます。

ドンドン使おう！　子どもをほめる60の言葉

よくがんばった	見事	complete（コンプリート）
よくやった	素敵	amazing（アメイジング）
うまい	かっこいい	大丈夫
上手	賢い	驚きだ
たいしたもんだ	日本一	ビックリした
すごい	世界一	超一流
すごすぎる	天下一	輝いてる
すばらしい	銀河一	私の誇りだ
やればできる	宇宙一	大物
さすが	Good job！（グッジョブ）	ヤッター
あっぱれ	wonderful（ワンダホー）	偉い
立派	地球を変えるリーダー	胸が震える
感動した	Bravo！（ブラボー）	胸がいっぱい
最高	great（グレイト）	万歳

エェーー！
オォーー！
幸せ
涙が出る
おりこう
優れている

優秀
天才
名人
ワクワク
救世主
鳥肌が立つ

完璧
大立者
勝利者
真のチャンピオン
達人
perfect（パーフェクト）

我慢と自信を身につけさせる「5つの魔法の言葉」

どんな子どもでも、社会で生きていくには我慢の回路を作っておくことが必要です。それには、不安に打ち克つための自信が必要です。

次の「5つの魔法の言葉」を子どもに刷り込むと、我慢と自信を身につけるのを助けてくれます。

5つの魔法の言葉

「あなたは、楽しく我慢ができます」
「あなたは、楽しく挨拶ができます」
「あなたは、楽しく思いやりができます」
「あなたは、楽しく学べます」
「あなたは、運がいい、ツイてます」

子どもに我慢させるために何からの約束をしたとき、親御さんは絶対にその約束を破らないでください。せっかく築いた信頼関係を壊してしまいます。たとえば家事で手が離せないとき、子どもに何かをせがまれ、「後でやってあげる」と言って子どもに我慢することを求めたとき、約束をすっかり忘れてしまうような場合です。

子どもにとって「後でやってあげる」という親の言葉は、大切な約束です。必ず、やってあげてください。もし約束が守れなかったときは、必ず「ごめんね」と謝ってください。

子どものことばが遅い 出ない 消えた「なんで?」

2021年1月8日　第1刷発行
2021年6月4日　第2刷発行

監　修――篠浦伸禎

著　者――鈴木昭平

発行人――山崎 優

発行所――コスモ21
〒171-0021　東京都豊島区西池袋2-39-6-8F
☎03(3988)3911
FAX03(3988)7062
URL http://www.cos21.com/

印刷・製本――中央精版印刷株式会社

定価はカバーに表示してあります。

ISBN978-4-87795-395-9 C0030

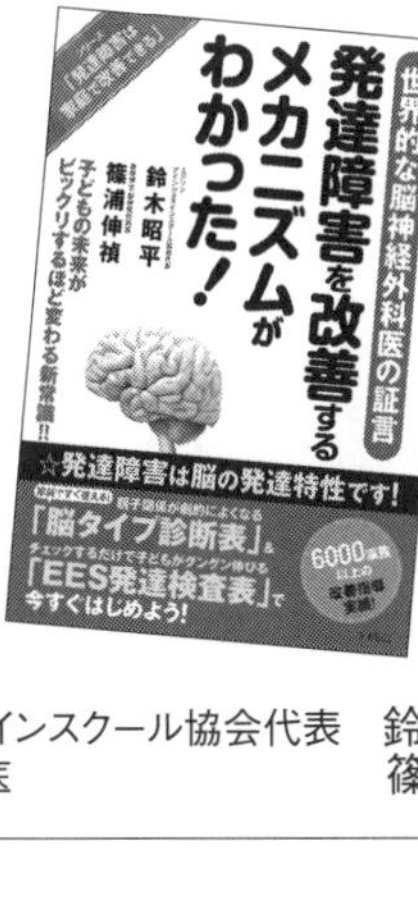